Martin Schleske : Geigenbauer

Herztöne

Das kleine Buch

adeo

MIX
Papier aus verantwortungsvollen Quellen
FSC® C014138

in der SCM Verlagsgruppe GmbH,
Berliner Ring 62, 35576 Wetzlar

6. Auflage 2024
Bestell-Nr. 835214
ISBN 978-3-86334-214-2

Umschlaggestaltung: Immanuel Grapentin
Umschlagfoto: Donata Wenders
Herstellung und Satz: Immanuel Grapentin
Druck und Verarbeitung: Finidr s.r.o.
Printed in Czech Republic

www.adeo-verlag.de

Vorwort

Ein uraltes, liebevoll restauriertes Haus an der Stadtmauer von Landsberg am Lech. Martin Schleskes Geigenbau-Atelier auf mehreren Etagen. Unten freundlich einladende Geschäftsräume, darüber die Werkstatt und noch weiter oben das Akustiklabor, Klangraum zum Spielen und Hören der hier gebauten oder reparierten Geigen. Und dann im offenen Dachstuhl unter den schönen alten Holzbalken auf einer kleinen Plattform, die nur mit einer steilen Leiter zu erklimmen ist, etwas ganz Besonderes: das verborgene Herz dieses Hauses, ein Kraft-, Rückzugs- und Ruheort. So etwas wie Abrahams Zelt in der Wüste. Ein Begegnungsraum mit Gott – der Klangraum für Herztöne.

Nach hier ganz oben zieht Martin Schleske sich immer wieder zurück. Liest in einer der Bibeln, die auf einem kleinen Regal stehen, hört hin, schreibt seine Gedanken in eines der unzähligen Notizbücher, die er schon gefüllt hat. Ein Geigenbauer und Schöpfender, der zutiefst ein Empfangender ist. Mit wachem Geist gegenüber dem Schöpfer dieser Welt, dem er mit seiner Kunst, mit Händen, Sinnen und Verstand dienen will. Ein Alltag zwischen handwerklichen Details, zwischen Holz, Lack, Trocknung, Laptop, akustischen Berechnungen, Verkaufsgesprächen, Vorspielen, Arbeitsteam – und im stillen Dialog mit Gott.

Dieses Haus ist der Ort, an dem nicht nur meisterliche Instrumente entstehen, sondern auch immer wieder neu das reift, was Martin Schleske empfängt an Gedanken, Analogien und geöffneten Türen hinein in die nicht sichtbare Dimension unseres Lebens.

Seit rund 25 Jahren begleite ich nun schon den ganz eigen-artigen Weg dieses besonderen Mannes. Seine Texte in diesem Buch sind genauso wie seine Geigen Einzelstücke und Meisterwerke, die man mit Bedacht genießen muss. Kleine Kostbarkeiten, die nicht in einem Zug gelesen sein wollen wie ein Roman, sondern Früchte aus der Begegnung mit Gott, deren Geschmack man mit wachen Sinnen kauen, nachspüren und in sich zergehen lassen kann. Ich freue mich sehr über dieses Buch!

Ulrich Eggers
Medienpionier, Gründer und Autor

Das Hören und Schreiben ist für mich eine Form des Betens. Als Geigenbauer kämpfe ich mit dem Holz und seinen Begrenzungen, kämpfe mit meinen handwerklichen Mängeln, meinen eigenen Begrenzungen, kämpfe mit dem Klang und all den Überraschungen.

Aber Worte sind anders. Ich kämpfe mit der Wahrheit; ihr Worte zu schenken, geht über das hinaus, was man sich ausdenken kann. Worte sind reine Freiheit, sie sind Träger geistiger Schönheit und Manifestationen dessen, was sich in uns bildet, weil Inspiration und Intuition ihr selbstverständliches Mitspracherecht haben. Und doch sind es zugleich Erfahrungen, die durch die eigene Seele gegangen sind, Gedanken, die durchlebt sind.

Hier geht es um beides: Zulassen und Gestalten. Meine Texte sind Übungen des hörenden Herzens. [10]

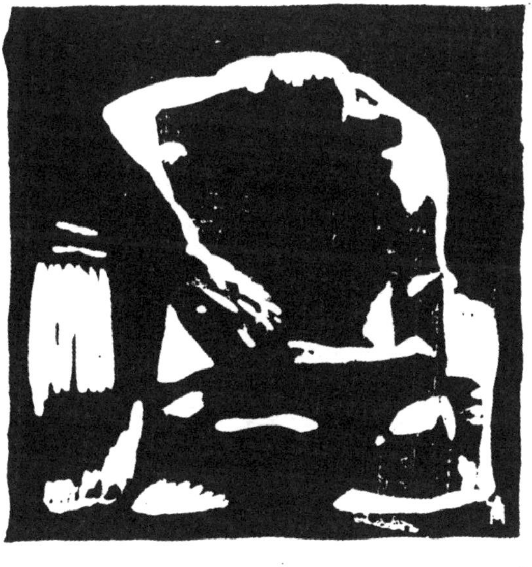

Der Hörende
11,6 x 12,7 cm, 2010

Ich schaffe als Geigenbauer keinen Klang, sondern eine Klangmöglichkeit. Die Geige muss gespielt werden. Sie schaltet sich nicht ohne den Musiker an. Vielleicht muss auch Gott durch den Glauben gespielt werden, und es ist seine atemberaubende Demut, das zu erlauben – denn er fragt: Was bist du bereit zu glauben? Vielleicht schaltet sich die Herrlichkeit Gottes in unserer Welt nicht einfach an, sondern hält Ausschau nach denen, die bereit sind, Gottesermöglicher zu sein. [290]

:

Das Charisma der Musik: Sie führt unsere Seele an ihre innere Quelle. Es ist der Ort, an dem man nichts verstehen, nichts leugnen und nichts fragen muss, denn man ist verstanden. Wenn das geschieht, weiss man, was Musik bedeutet.

Es gibt einen Klang, der heilsam ist – einen Klang, der die Kraft und das Recht hat, Dinge in uns zu trösten, zu beleben und zu verändern. Ich glaube, Musik ist uns vom Himmel gegeben, damit wir diese Welt, die uns in vielen Dingen so zusetzt, ertragen können.
Ich bin überzeugt: Musik ist letztlich in Klang gegossenes Gebet. [43]

:

»Zeig mir, was ich erkennen soll, ich will es hören. Denn ich weiß, dass nicht der Wissende, sondern nur der Hörende deiner Stimme folgt und dass nur der Suchende sich finden lässt. Ich weiß, dass nur der Liebende deine Liebe begreift.
Wenn dich etwas bedrängen darf, mein Gott, dann soll es meine Stille sein.« [35]

Der menschliche Wille ist ein wunderbares Werkzeug, wenn es um das geht, was wir tun – wie das Judentum sagt: »*Der Ort des Menschen ist die Tat.*« Aber der Wille ist ein ganz und gar unbrauchbares Werkzeug, wenn es darum geht, die eigene Seele zu verändern – als sei unser Wille ein Zauberstab, mit dem wir uns zu dem Menschen machen könnten, der wir gern wären.
Unsere maßlosen Forderungen haben keine schöpferische Kraft. [30]

:

Gott hat beschlossen, in unserer Welt der Geglaubte zu sein. Es ist der Glaube, der dem Himmel als eine Erlaubnis gilt.
Es ist »natürlich«, dass Wunder geschehen können, sie sind eine Option, die Gott mit der

Erschaffung der Welt geschaffen hat. Doch sie bedürfen der Ermöglichung. Das Menschenherz ist ein Empfangsorgan dessen, was der Himmel sendet, und sein Zustand bestimmt, ob es empfangen werden kann. [291]

:

»Gott kann alles tun« ist ein kalt abgebrühter Satz, wenn ihm die Glut des erwartungsvollen Glaubens fehlt. Warum konnte dann der Sohn Gottes nicht alles tun? Warum heißt es von ihm über den Orten: »Um ihres Unglaubens willen konnte er dort nicht viele Dinge tun«?
Offenbar hat Gott beschlossen, dass sein Wirken – wie es das Wesen der Liebe ist – ein wahres Gegenüber sucht, und dies Gegenüber ist der liebende Glaube, der erwartungsvolle Glaube, der vertrauende Glaube. [292]

Das Leben wird nicht schön, wenn wir glauben, das Außergewöhnliche sei der Normalfall, aber es verliert all seinen Glanz und sein Leuchten, wenn wir das Außergewöhnliche nicht mehr für möglich halten.

Wunder sind nicht normal, sondern möglich. Der Glaube ist ein heilsamer Trotz angesichts all der lähmenden Offensichtlichkeiten: Ich will dem Geschehen noch eine weitere Möglichkeit zugestehen. [290 · 288]

:

Ich wage nur, an Wunder zu glauben, weil ich in der gleichen Intensität darunter leide, dass sie so häufig nicht geschehen. Ohne daran zu leiden, habe ich auch nicht das moralische Recht, an sie zu glauben. Denn ohne die Bereitschaft, am Unverständlichen zu leiden, wäre der Glaube nur ein bornierter Triumphalismus, der all das ausblendet, was ihm nicht entspricht. Ein Glaube, der nicht fähig ist zu leiden, wäre unerträglich. Aber ein Leiden, das nicht fähig ist zu glauben, wäre es ebenso. Darum will ich das Unerträgliche nicht durch Erwartungslosigkeit erträglich machen. Die schmerzfreie Glaubenslosigkeit wäre ein Selbstverrat. [282]

:

Christus ist nicht der Erhabene, sondern der Heruntergekommene.
Je erhabener Gott ist, desto weniger habe ich mit ihm zu tun. Je größer der Abstand zum Licht, desto unbehelligter kann ich leben. Es ist die Befreiung von Gott durch Religion. Doch Gott ist viel mehr in unserer Welt gegenwärtig, als es uns recht ist. [312]

Das Glück des Leibes ist *Wohlbefinden*; darum sollst du darauf achten, wie es dir geht. Das Glück der Seele ist *Freude*; darum sollst du um die Quellen deiner Freude wissen. Das Glück des Geistes aber ist *Sinn*. Wenn du den Sinn deines Daseins nicht zu spüren bekommst, wenn du also ohne das Glück des Geistes lebst, dann kann auch das größte Glück der Seele und das größte Glück des Leibes diese Leere nicht ausfüllen. Mit anderen Worten:

Du kannst kein erfülltes Leben haben, wenn du nicht fragst, was sich durch dich erfüllen soll.

[198]

:

Wahrheit und Weisheit sind zwei mächtige Schwestern. Wehe, wenn die Wahrheit die Beziehung zur Weisheit aufkündigt und sich

eigenmächtig macht. Sie wird dann eine Lüge gegen Gott selber sein.
Gott ist die Wahrheit, aber die Wahrheit ist nicht Gott. [265]

:

Schöpferisch zu sein bedeutet, auf eine Art vermessen zu sein, denn man muss über das hinausgehen, was man schon weiß und kann.
Das Nichtwissen ist Voraussetzung für jeden schöpferischen Prozess, denn wenn wir immer nur tun, worin wir uns sicher sind, ist alles, was wir tun, bestenfalls feige, schlimmstenfalls belanglos.
Vielleicht ist der Glaube an Gott vor allem ein Protest gegen die Belanglosigkeit, denn es bedeutet, mit mehr zu rechnen als mit sich selbst. [90]

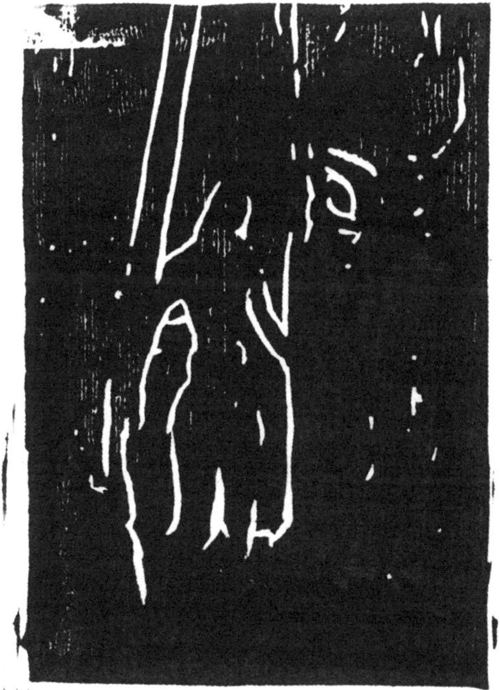

Der Vorhang
16,5 x 11,8 cm, 2013

Wenn du an eine Tür anklopfst, wird gefragt: »Wer ist da?« So ist es auch mit der Tür zur Gotteserkenntnis. Wenn du eintreten willst, hast du zu antworten, wer du bist. Nicht durch deinen religiösen Standpunkt, sondern durch deinen existenziellen Zustand gibst du Antwort. Denn der Zustand deines Herzens ist deine Wahrheit. Darum sagt Jesus: »Wer aus der Wahrheit ist, der hört meine Stimme.«

Es bedeutet nicht, dass du hie und da etwas von Gott hörst, sondern dass dein Leben Gott erhört.

Unsere moralische Reife ist keine Voraussetzung dafür, dass wir Gottes Stimme hören. Er redet zu den Unmündigen, er wendet sich den Schwachen zu. Der Mündige erkennt seine Unmündigkeit. Der Schwache erfährt seine Stärke in Gott.

Wir müssen nicht vollkommen sein. Es reicht, zu erkennen, wer in uns lebt. [164 · 174]

Ich spüre, dass es beim Beten nicht um etwas Anstrengendes oder um eine erzwungene Übung geht. Es ist etwas vollkommen Selbstverständliches. Es ist schlicht die Zeit, in der sich Vertrauen in uns sammeln kann. Ist dies geschehen, wird alles eine Form des Betens sein. Unser Vertrauen wird die Geschehnisse im Innern und Äussern zu Gott hinwenden. Das Gott zugewandte Leben ist Beten.
All dies bedeutet: Lass dich nieder, werde still und begreife, dass du nichts lernen musst. Das ist Beten. [270]

:

An einem Morgen las ich im Markusevangelium dies Wort: »Am Morgen, noch vor Tage, stand Jesus auf und ging an eine einsame Gegend und betete dort.«[2]

Ich fragte mich: Was hat Jesus in all den Stunden dieser frühen Gebetszeit eigentlich gemacht? Was ist da geschehen? Er hat doch sicher nicht die ganze Zeit geredet und Gott die Ohren müde gemacht.
Da rutschte mir versehentlich ein Gebet aus dem Herzen: »Jesus, ich möchte beten lernen wie du!«
Die Antwort, die ich unmittelbar hörte, war dies: »Martin, mein Gebet ist vollkommenes Vertrauen.«
Wenn wir im Evangelium lesen, dass Jesus in die Stille ging, dann setzte er sich der Gegenwart Gottes aus. Er wartete, dass sein Herz durchflutet wurde von Gott. Er stellte sich der Gegenwart Gottes zur Verfügung und wurde überfliessend angereichert von Vertrauen.
Das ist alles, was Beten bedeutet. Steh auf und lebe in diesem Vertrauen! [269f.]

Ich weiß, ich werde Gottes Stimme nicht hören, solange ich noch immer versuche, das Schwierige und Ungute in mir durch Frömmigkeit zu übertönen. Ich werde Gottes Stimme nur hören, wenn auch der Klang meiner Angst ein Gebet in mir werden kann, das zum Herzen Gottes dringt, und wenn der Klang meiner Sorgen zu einem Gebet wird und wenn ich meine Bitterkeit und meine Schmerzen vor Gott ausschütte wie einen Krug voller Tränen.
Wir werden Gottes Stimme nicht hören, solange noch nicht alles in uns seine Stimme bei Gott bekommen hat. [161]

:

Wie ein Resonanzkörper die Schwingungen der Saiten durch seine eigenen Resonanzen färbt und hörbar macht, so haben auch wir einen Re-

sonanzkörper für Gott: es ist das liebende Herz. Gott erlaubt, dass wir ihn durch die Resonanzen unseres Glaubens färben.
Im Herz des Menschen stoßen die Anregungen des Himmels auf Resonanz und verwandeln sich durch unsere Liebe in gelebtes Leben. So geschieht der göttliche Wille »wie im Himmel, so auf Erden.« Es ist das, was der Himmel im Menschen anregen kann. [104]

Der Himmel wird nicht annehmen, was wir durch Unwahrhaftigkeit tun, aber er wird immer lieben, wer wir in Wahrheit sind.
Wir können schuldig werden, aber wir sind nicht schuldig; wir können etwas Verkehrtes tun, aber wir sind nicht verkehrt; wir können Mangel leiden, aber wir sind nicht mangelhaft. [246]

Ich will mit ganzer Seele beten lernen, nicht nur mit halber Seele. Nicht nur mit den guten, frommen oder gar unterwürfigen Stimmen in mir, sondern auch mit den inneren Querulanten, den seelischen Amokläufern, den Meckerfritzen, Bedenkenträgern und Angsthasen in mir.
Wie oft hören wir die Stimme Gottes nicht, weil eben jene inneren Stimmen – unsere Ängste, unsere Sorgen, unsere Enttäuschungen, unsere Bitterkeit, unsere Schmerzen – so viel lauter in uns sind. Doch es wäre ein vollkommen verfehlter Weg der Seelenführung, diese Stimmen anzufahren: »Seid still! Ich will beten!« [161]

In einem jeden Herzen liegt der Schlüssel der Ewigkeit. Er erschließt dem Leben seinen ganzen Sinn. Wenn du zu dieser Liebe kommst,

bist du hinaufgestiegen und bleibst in jenem Heiligtum. Du bleibst in der Kommunion. Du bleibst in diesem Raum der zugeneigten Herzen, auch wenn du nun aufstehst und in den Tag gehst. Du musst nichts bitten, denn du empfängst. Und da du in der empfangenden Liebe bleibst, hast du die Bitte Gottes erhört.
Du erhörst Gott, wenn du betest. [207]

:

Ich sah ein brachliegendes Feld, auf dem all das wuchs, was wachsen wollte. Der ausgelaugte Mensch hat sich das Brachliegen verboten.
Es ist wichtig, dass wir nicht nur hören, was wir sollen, sondern auch spüren, was wir wollen.
Lass zu, dass deine Seele zum Glauben kommt. Lass Gott an dich heranbranden wie das Wasser an den Felsen; atme ihn wie die salzige Luft.

Lass Gott alles sein, was er dir sein kann. Erlaube es deiner Seele. Lass zu, dass deine Seele zum Glauben kommt, wenn sie in all dem Gott erkennt. Denn du bist nicht Herr deines Erkennens, sondern nimmst nur wahr, was sich dir zu erkennen gibt. [277]

:

Man kommt nicht durch Gedanken, sondern durch Erkenntnis zur Wahrheit. Nimm entgegen, was der Himmel dir spendet. Sieh lieber einer Windböe auf dem Wasser nach, als einen Gedanken zu denken, der nicht gebetet ist.
Was du betest, wird dich finden. »Glauben« ist nichts anderes als hinschauen und empfänglich sein, es ist betendes Hinsehen.
Bete nicht, weil du glaubst, du solltest es tun. Mache in den Gewissenhaftigkeiten deines

Daseins nicht auch noch aus Gott eine Pflicht. Gebet ist keine Pflicht, es ist die Erforschung Gottes durch die liebende Seele. [278]

:

Der Himmel sucht unsere Stimmigkeit. Wenn das Werkzeug stumpf ist, nützt es nichts, mehr Kraft aufzuwenden oder um himmlischen Segen zu bitten. Man muss es schärfen. Nicht ein Mehr an Kraft, sondern gestimmt zu werden, geschärft zu werden – das bedeutet Segen.
Der Unterschied besteht nicht darin, dass die einen stumpf werden und die anderen nicht, sondern darin, dass die einen sich schärfen lassen und die anderen nicht.
Vollkommen zu sein bedeutet nicht, dass du nicht stumpf wirst, sondern dass du dich schärfen lässt. [21]

Jeder Weg, den wir gehen, wird durch die Art unserer Liebe geführt. Fehlt uns die Liebe, die der Weg verlangt, ist es uns nicht möglich, diesen Weg zu gehen. Darum sollten wir nicht fragen, welchen Weg wir gehen, sondern eher, welche Art der Liebe wir haben. Sie ist die innere Erlaubnis, die wir haben, und wenn wir in Unwegsamkeiten, Krisen, Überforderung und Zweifel geraten, entfaltet sie ihre Kraft.
Darum geht es nicht um die Frage, auf welche Weise wir etwas erkennen wollen, sondern auf welche Weise wir dem Leben unsere Liebe zeigen wollen – denn sie bestimmt den Weg, den wir gehen.
Selbsterkenntnis ist darum nie etwas anderes als die Erforschung des eigenen Herzens, um zu erkennen, was die Liebe daran hindert, uns den berufenen Weg zu führen. [83]

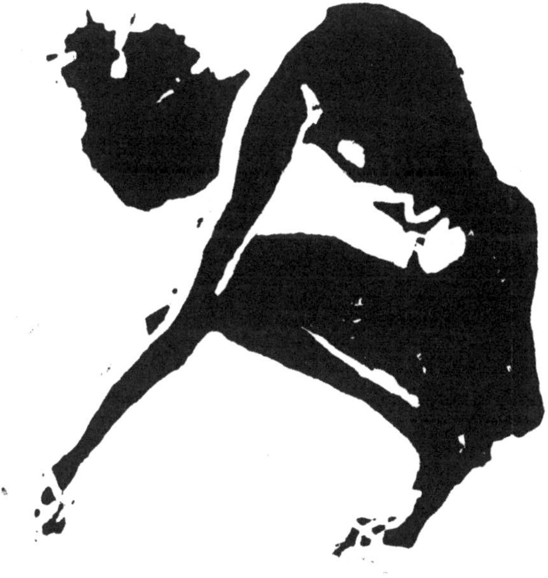

Die Tänzerin
10,6 x 11,2 cm, 2010

Fürchte dich nicht davor, Gott näher und inniger an dich heranzulassen. Nie wird etwas anderes geschehen, als dass sich verwirklicht, was du durch Gott bist.
Denn du wirst weder dich selbst noch Gott um deinetwillen lieben, sondern du wirst beginnen, deine Seele um Gottes Willen zu lieben. [228]

:

Wenn ein Mensch blind oder taub ist, ist es keine Frage der Anstrengung, diese Behinderung zu überwinden. Wer blind ist, kann sich noch so sehr bemühen, er wird dadurch nicht sehend. Es müssen ihm die Augen geöffnet werden. So ist es auch mit den Sinnen des Herzens.
Mit dem Herzen zu hören und zu sehen, ist keine Technik, die man erlernen kann, sondern eine Gnade, die in unserem Leben wirksam

wird. Das inspirierte Leben aus Gott zu finden, heißt, sich in einer bestimmten Weise vorfinden zu lassen.

So geben wir der Gnade nach. Sie sucht in uns ein hörendes, sehendes, empfängliches Herz. So können wir lernen, nicht nur an Gott zu glauben, sondern mit Gott zu leben. Wie Blindheit und Taubheit im äußeren Leben eine ernsthafte Behinderung sind, so ist auch ein blindes und taubes Herz eine ernsthafte Behinderung der Gottesbeziehung. [103]

:

Wir meinen in der Romantik unseres jungen Glaubens: An Gott zu glauben heißt, Gott gefunden zu haben. Aber wenn wir älter werden, wissen wir: Zu glauben heißt, sich nicht *abgefunden* zu haben.

Vieles, was in unseren Beziehungen zu anderen Menschen und auch in unserer Beziehung zu Gott schiefgeht, liegt daran, dass wir unsere Verletzungen ausklammern und sie in Enttäuschungen abkapseln, die wir uns nicht eingestehen. Uneingestandene Enttäuschungen aber lassen das Herz erblinden. Wir werden blind, weil wir nicht mehr verletzt werden wollen. Ein Mensch, der beschlossen hat, nicht mehr verletzt oder enttäuscht zu werden, hat beschlossen, nicht mehr zu lieben. [190]

:

Nicht das Grübeln, sondern das Arbeiten wird uns zeigen, wie es um unsere Schärfe steht. Der Grübler beschäftigt sich in einem Übermaß mit sich selbst. Ihn wird die Weisheit fragen: »Wer hat dir befohlen, dich zu quälen? Gib die

Eitelkeit auf, die darin besteht, dich selbst zu verneinen, und die dich dazu verleitet, deine Selbstkritik zur Schau zu stellen! Was ergötzt du dich daran, wie streng du mit dir bist?«

Die großen Veränderungen nimmt man sich meist nur vor; die kleinen finden tatsächlich statt. [26]

:

Wir hören, wem wir gehören. Hören bedeutet Zugehörig-Sein.

Wenn wir den Sorgen gehören, hören wir ihre Stimme und tun, was sie uns sagen. Erleuchtet zu werden heißt, dass man sich dem Geist Gottes anvertraut. Da ist keine religiöse Wahrheit, die ich für mich in Anspruch nehmen kann, sondern einzig die Frage, welche Wahrheit mich in Anspruch nehmen darf. [164]

Beten heißt warten und verweilen, es heißt, gemeinsam mit Gott zu schweigen und diese Zeitlosigkeit über alles zu lieben. Es ist die Liebe der gemeinsamen Gegenwart.
Unter mir das Plätschern eines Zuflusses, der den See mit Wasser speist. Es hat über Nacht geregnet. Die Vögel sind längst wach. Die aufbrechende Natur feiert das Leben. Es tut der Seele gut. Sie nimmt Anteil an diesem Leben aus Gott. Wenn unserem Leben die Stille fehlt, wird unsere Seele dem Druck der Welt nicht standhalten, und unsere Alltage werden fragen: Gott, wo bist du? [248]

:

Die Gleichzeitigkeit von Sanftheit und Kraft, die jedes gute Instrument in sich trägt, ist ein in Klang gegossenes Gleichnis für das Wesen der

Gnade, die alle Macht hat und doch das, was sie sucht, nie unterwirft. Einzig durch ihre Schönheit wirkt sie in unserer Seele und wirbt darum, dass wir ihr nachgeben. Das Heilige unterwirft uns nicht, es sucht uns in seiner unergründlichen Demut auf und fragt, was es vorfindet.
Wir suchen nicht, wir werden aufgesucht. Wir finden nicht, wir werden gefunden. [41]

:

Unsere Fragen bezeugen, was wir von Herzen suchen. Wie kann Gott uns lehren, wenn wir keine Fragen haben?
Nur das fragende Herz ist weich. Denn die Fragen machen den inneren Menschen unsicher. Nur die Unsicherheit aber macht ihn formbar. Wie sollte der Himmel je einen festen Glauben formen? Er würde zerbrechen. [234]

In den kreativen Augenblicken und intuitiven Phasen wird weder etwas erzwungen noch verbissen herbeigedacht. Die Dinge kommen und geschehen, wenn sie willkommen sind. Sie erfüllen uns, wenn sie einen leeren – das heißt, einen von allzu viel Wissen und Wollen befreiten – Raum in uns vorfinden. Sie zu suchen heißt, sich in der rechten Weise vorfinden lassen.
Viel schwerer, als das Richtige zu lernen, ist es, das Falsche zu verlernen. [98 · 53]

:

Warum sollten unser Vertrauen und unsere Freude mehr Recht haben, zu Gott zu sprechen, als unsere Erschöpfung, unsere Zweifel und unsere Wut?
Die Stimmen der Seele sind wie kleine Kinder, die sich in uns bemerkbar machen, wenn

wir anfangen, still zu sein: Stimmen der Enttäuschung, die wir nicht wahrhaben wollten, Stimmen der Erschöpfung, wo wir es übertrieben haben, Stimmen der Wut, der Sorgen, der Ängste – und all die Eitelkeiten. Wenn wir Stille üben, werden wir diese Stimmen hören, am Ende aber schlafen sie wie kleine Kinder glücklich ein, und wir haben unsere Seele gestillt. [162 · 173]

:

Ein Glaube, der nicht bereit ist, überrascht zu werden, ist auf eine religiöse Weise gottlos geworden.

Gott darf anders reden, als es unserer gewohnten Erwartung und den gewohnten Orten und Situationen entspricht. Die Erwartbarkeit ist der Tod des Hörens. [177]

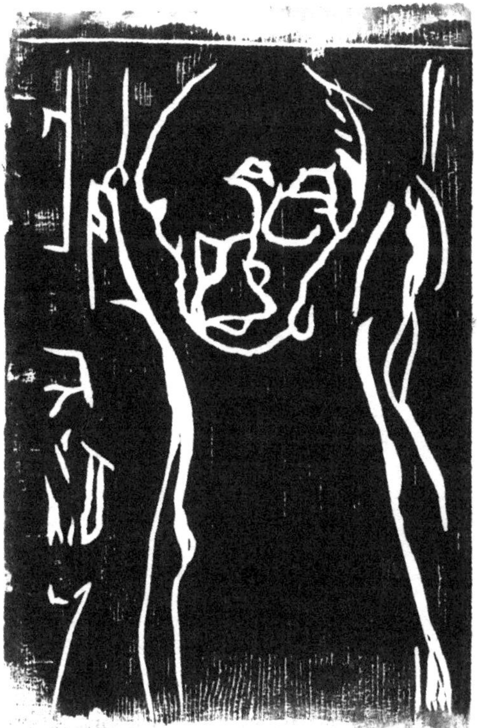

Der stumme Aufschrei
19,5 x 12,9 cm, 2014

Wie könnte der »wahre« Glaube je etwas anderes sein als die liebende Bereitschaft zur Unsicherheit? Es ist das Vertrauen, dass man sich seiner selbst nicht sicher sein muss, um gehalten zu sein. Was also ist der Zweifel anderes als der Aufschrei einer Wahrheit, die dir sagt: Verliere in den Wüstenzeiten, in denen Gott dich auf diese schmerzhafte Weise segnen muss, deinen Glauben, damit Gott ihn dir schenken kann. Du ängstlicher Mensch, hast du deinen Glauben denn nicht lange genug durch eben deine Angst verletzt, du könnest ihn verlieren?

Du wirst womöglich deinen Glauben, aber niemals Gott verlieren. Darum sagt der Zweifel: Lass dich in Ruhe. Schleife deinen Glauben nicht durch die verbissene Suche nach Gewissheit blau, überhitze ihn nicht.

Nur in der Ruhe vor dir selbst kann Gott dir nahen. [36]

Der liebende Glaube gleicht viel eher einem Zelt, das man aufschlägt, als einem Tempel, den man unumstößlich erbauen kann.

All dem, was »religiös« werden und damit Gottes habhaft werden will, muss die Stiftshütte eine Provokation der Demut sein: Der Ort der Gottesbegegnung war keine Festung, kein Tempel, kein Lehrgebäude, kein Palast. Sondern sie war ein Zelt. [215]

:

Dass das Eisen stumpf geworden ist, entwertet das Eisen nicht, sondern es zeigt die Härte, die es erfuhr, und es zeigt die Notwendigkeit, geschärft zu werden. Wenn die Heiligen Schriften von Sünde sprechen und den Menschen zur Umkehr aufrufen, geht es nicht darum, ihn als Sünder zu entwerten, sondern ihn als

Liebenden zu stärken. Das eine macht nieder, das andere richtet auf. Das eine stößt in einen Abgrund, das andere zeigt einen Weg.

Gott hat uns die Fähigkeit gegeben, unsere Stumpfheit zu erkennen, aber er hat uns nicht das Recht gegeben, uns durch Selbstentwertung blau zu schleifen. [25 · 28]

:

Ich bin überzeugt, dass nur Schönheit und Leid das Recht haben, uns die großen Wahrheiten des Lebens zu lehren.

Es ist die Liebe selbst, die uns in das hineinverwandelt, was sie erkennt. Das Herz erkennt nicht, indem es über die Dinge nachdenkt, sondern indem es in sie eingeht und in ihnen lebt. Nur das, was wir lieben, kann uns zu einer Schule des Lebens werden und uns lehren. [85 · 183]

Es gibt Menschen, die nur glauben, wenn sie Wunder sehen. Das führt sie in die Versuchung, Gottes Wege abzukürzen, Gottes Hand zu beschleunigen, Gottes Auge zu lenken.
Ihr eiliger Schritt hat nicht gelernt, bei Gott zu verweilen, und ihr Gebet hat nicht gelernt, mit Gott zu schweigen. [123]

:

Es heisst: »Du sollst deinen Nächsten lieben, denn er ist wie du.« ... Dass die hebräische Mehrdeutigkeit hier nicht nur »wie dich«, sondern ebenso »wie du« sagt – »Du sollst deinen Nächsten lieben, denn er ist wie du« – gibt dem Gebot einen heilsamen entgegengesetzten Sinn. Du kannst kaputt sein – er ist es auch. Darum weißt du, wie er ist. Denn deine eigenen schwierigen Erfahrungen lehren dich, wie es um ihn steht. Du bist hungrig und durstig nach Leben? Er ist es auch. Darum weißt du gut, worum es geht. Denn dein Hunger und Durst haben es dich gelehrt. Du wurdest beschämt, gedemütigt, verletzt? Er auch. Darum weißt du, wie er fühlt und was er braucht. Du kannst ihn darum lieben – denn er ist wie du. [302]

Statt zu fragen: »Ist Gott da?«, halte ich es viel eher für angemessen, dass wir fragen: »In welchem Ausmaß ist Gott da?«
»Was wirst du mir erlauben? Was wirst du an heiliger Gottesgegenwart möglich machen? Was werde ich bei dir vorfinden, und was kann ich dir darum werden?« Es ist diese Grundfrage Gottes: »Wie nah komme ich an dich heran?« [223 · 226]

Gelassenheit entsteht weder dadurch, dass wir alles »machen«, noch dadurch, dass wir alles »loslassen«, sondern dadurch, dass wir uns der Weisheit und Führung Gottes *überlassen.*

»Ich glaube, hilf meinem Unglauben.[3] Ich vergebe, hilf meiner Bitterkeit. Ich vertraue, hilf meinen Sorgen. Ich nehme mich meiner angeschlagenen Seele an, hilf meiner Gebrochenheit. Ich richte mich auf, hilf meiner Niedergeschlagenheit.« [254 · 219]

Nicht zu lieben ist die Weigerung, sich mit Gott zu verbinden. Nicht zu vergeben ist die Weigerung, sich vom Bösen zu erlösen.

Wenn wir die Sünde unserer Mitmenschen vergeben, die uns verletzt hat, wird sie sich verwandeln. Nicht, dass Sünde durch Vergebung aufhört, Sünde zu sein, aber sie wird nicht länger die Kraft haben, uns zu verletzen – ja noch mehr: Jede vergebene Sünde wird das Recht haben, unser Leben zu Gott hin zu verwandeln, sie wird unser Leben heiligen. [243]

:

Gott hat keine Freude daran, wenn du den Glauben an dich selbst verlierst. Gott braucht uns nicht klein, um sich groß zu machen.
Es ist eine frömmelnde Entwürdigung des Lebens, wenn du versuchst, durch Gott zu ersetzen, was du dir selbst vorenthältst: dir zu vertrauen. Deine Seele spricht zu dir. Das heißt Intuition. Doch du wirst sie nur hören, wenn dein Verstand gelernt hat, zur rechten Zeit zu schweigen, und deine ängstlichen Sorgen gelernt haben, in deinem Vertrauen gestillt zu sein. [167]

Das Wort »Person« setzt sich zusammen aus den Worten »per« (hindurch) und »sonum« (Ton). Der Herkunft nach heißt Person also »hindurchtönen«.

Wenn es irgendwo und irgendwann Herztöne eines Menschen gibt, die unser Leben als »Per-Sonum« hörbar machen, dann im *Sch'ma Israel*. Denn gewiss gibt es keine Frage, die über diese eine Frage je hinausgeht: Wie willst du Gott und dieser Welt deine Liebe zeigen?

Dass das höchste Gebot des Menschendaseins mit dem Wort »Höre!« beginnt, bedeutet gewiss: Du kannst Gott nur erhören und seinen Willen erfüllen, wenn du im Herzen ein hörender Mensch wirst. Darum, Per-Sonum, wie willst du dem Sch'ma mit deinem Leben Antwort geben? Was kommt durch dich zum Klingen? [59 · 61]

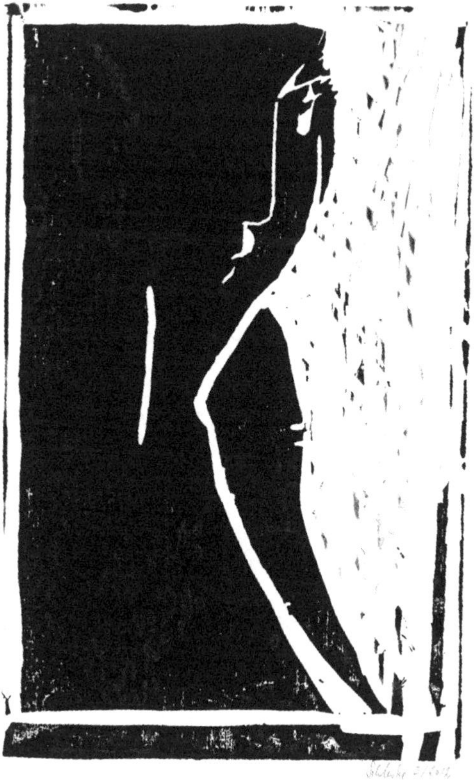

Die Hörende
12,5 x 19,2 cm, 2012

Das Begriffslexikon sagt, Chuzpe ist eine »zielgerichtete, intelligente Unverschämtheit, charmante Penetranz und unwiderstehliche Dreistigkeit«. Was mir an einem Urlaubstag beim Nachdenken über den Geheimdienstskandal der NSA in ebensolch einer chuzpà herausrutschte, war in etwa folgendes Gebet: »Bist nicht eigentlich du, Gott, der allergrößte denkbare Abhörskandal!? Ist es denn nicht ein Ärgernis, dessen Ausmaß unfassbar ist, dass du unablässig in unsere Herzen hineinhörst? Dass du – wie ein Psalm es sagt – um jedes Wort auf unseren Lippen weißt, noch ehe wir es sagen, da du die Gedanken unseres Herzens kennst? Und selbst die geheimsten unserer Gedanken sind dir nicht verborgen, wie es im Psalm heißt: ›Er kennt ja die Heimlichkeit des Herzens.‹[4] Ist es nicht entwürdigend und kränkend, dass wir unablässig von dir abgehört, erkannt, beobachtet, belauscht werden? Habe ich denn nicht ein eigenes Leben? Ist es nicht respektlos, derart distanzlos zu sein, meine Privatsphäre nicht zu wahren und durch ständiges Mitwissen meine Würde zu missachten? Wie kommst du eigentlich dazu, dich in mich einzumischen und in das hineinzuhören, was mich bewegt?« Neben mir sah ich im Geist einen Strauch mit Dornen. Als ich so fragte und über die Dreistigkeit der Frage verwundert war, sprach Gott mir ruhig lächelnd ins Herz: »Martin, schau diesen Dornbusch an, den du im Geist neben dir siehst. Wenn du mit deinem Finger in eine seiner Dornen greifst, dann ist es nicht nötig, dass du deinen Finger abhörst. Du spürst seinen Schmerz.

Du musst ihn nicht abhören, um ihn zu spüren, er teilt sich dir mit. So muss auch ich euch nicht abhören. Ich spüre euch. Euer Leben teilt sich mit.« [235]

Wir wissen zu wenig über die geistlichen Geheimnisse der Wirklichkeit, als dass wir uns Stolz und Überheblichkeit leisten könnten.
Es ist gesünder, die Phänomene des Geistes erstaunt und bescheiden zur Kenntnis zu nehmen und darin zu wachsen, als über Dinge zu urteilen, die wir nicht verstehen. Das Typische, wenn Wissenschaft oder Religion ideologisch werden, ist stets ein Mangel an Achtung und Demut. [183]

:

Es wäre ein überheblicher und befremdlicher Klang, wenn Gnade lediglich ein Begnadigungsakt des moralisch Überlegenen ist, der selbstherrlich vor allem auf sich selbst verweist (gemäß: »Ich, der ich so gnädig bin, nehme dich, der du es nicht verdient hast, dennoch an!«).

Gnade ist bei Christus etwas anderes. Sie hat nichts Gönnerhaftes. Sie ist die unbedingte Lebenskraft, aus der *alle* – Sünder wie Gerechte – leben.
Sie ist demütig, denn sie überwältigt nicht, und sie vereinnahmt nicht, sondern sie wirbt darum, dass die unmittelbare Gottespräsenz im Leben eines jeden Menschen zunehmen kann. [227]

:

Der Sinn allen theologischen Denkens sollte darin bestehen, Erfahrungen der Wahrheit in ihrer Feierlichkeit, Ernsthaftigkeit, Zartheit und Wildheit zu schützen.
Darum weigere ich mich, die Wahrheit, mit der ich ringe, denkerisch zu zähmen, begrifflich zu töten und hernach dogmatisch auszustopfen. [305]

Die Bedürftigkeit des Lebens ist einzig deshalb da, damit Fürsorge entsteht.

Wir sind nicht die kleinen quecksilbernen Egoeinheiten, für die wir uns halten, die zersprengt und zerschlagen zusammen- und auseinanderfliehen, blinken, rinnen und irren, ohne Einheit und Bestand. Sondern wir sind durch eine geistige, beständige Struktur miteinander verbunden. [242 · 239]

:

Demut ist eine Sünde, wenn wir durch sie vergraben, was an Gaben gegeben war.

Dem Wort nach bedeutet Demut »Mut zu dienen« und nicht »Mach dich klein«. An allen großen Lebensregeln kann man sehen, dass Demut das wesentliche Merkmal einer geheiligten Menschlichkeit ist. Das aber bedeutet gerade nicht, sich zu einer kümmerlichen Figur zu machen. Vielmehr ist Demut das Wesen jeder liebenden Existenz und damit jeder echten Spiritualität. Der Liebe geht es ja darum, die Schönheit des Andern zu sehen, und diese hervorzulieben, wo sie vergraben war. Der Demütige macht das Wertvolle des Anderen sichtbar. Die Berufung zur Demut bedeutet, solch ein Geburtshelfer von Schönheit und Selbstwert zu sein. [70]

:

Die ganze Schule des Lebens besteht darin, unsere Angst zu überwinden. Wir besiegen sie nicht, sondern wir führen uns in ihr.

Vertrauen ist ein Akt der inneren Führung. Die verängstigte, verletzte und gedemütigte Seele sucht Heilung, und sie weiß, dass sie nur im Raum des Vertrauens heil werden kann. [101]

Beginne, vom Leben selbst ergriffen zu sein. Du willst, dass Gott sich dir zeigt? Dann liebe Gott im Offensichtlichen. Das Weiterführende mag kommen, aber du solltest Gott erlauben, dir zunächst einmal das Naheliegende ans Herz zu legen.

Es mag vieles unklar sein, aber was wir begriffen haben, ist mehr als genug, um es getrost mit Leben zu füllen. [256]

:

Ein Mensch kam nach einer langen Wanderung an einen einsamen Gebirgssee. Die Oberfläche des Sees war spiegelglatt und reflektierte auf eine vollkommene und ungestörte Weise den Himmel. Dass der See so ruhig war, hatte einen einzigen Grund: Er wurde nicht gestört. Es war niemand da, der ihn aufgewühlt und darin

herumgerührt hätte. Das ist der Grund der Gelassenheit: Der See wurde in Ruhe gelassen; er wurde gelassen.
Wie der See, so kann auch die Seele nicht ruhig gemacht werden. Sie wird ruhig, weil sie gelassen wird. Wir wühlen sie nicht auf: Wir reden ihr nicht ständig ein, wie die Welt und unser Leben zu sein hätten. [254]

:

Ein Mensch, der sein Vertrauen auf die Weisheit Gottes setzt, hat keine besseren Holzfasern als andere, aber er weiß, er hat einen Meister, der sie zum Klingen bringt.
Es ist das Geheimnis des Geigenbaus: Nicht das Holz wird dem Meister gerecht, sondern der Meister wird dem Holz gerecht. Das Holz überlässt sich der Gestaltungskraft des Meisters. [31]

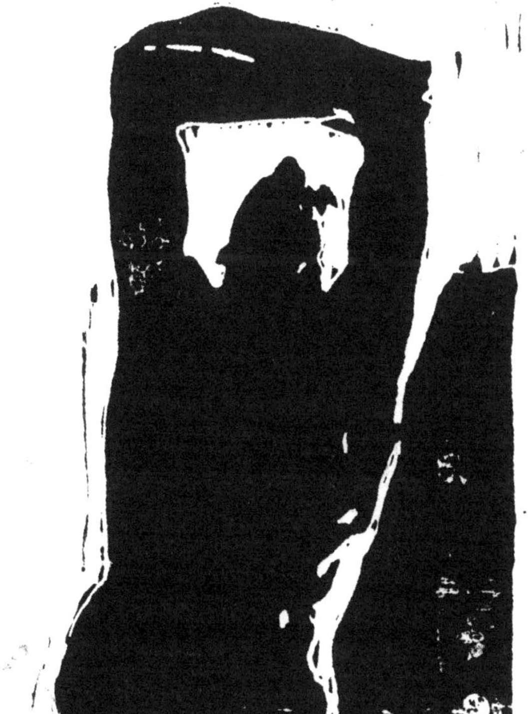

Der Angegriffene
17,2 x 12,1 cm, 2017

Am Südufer des Jabbok[5]

Du kannst so vieles erst verstehen,
wenn du das Unverständliche durchlitten hast.
Lass es nicht los, denn es ist dein!
Du hast gekämpft an einem Ort,
der seinen Namen auf dich legen wird.
Das Wort, das du verstehen sollst, ergibt sich nicht.
Es ist Gott selbst, den du durchleben sollst.
Er greift dich an, da du ihn anders nicht begreifst.
Du lässt ihn nicht, auch wenn das heißt,
dass du durchleidest, was du liebst.
Wie sollte es auch anders sein?
Du singst das Lied, das Leid und Liebe dir verliehen.
Ein anderes Lied wird nie dein Segen sein.
So komm, wie sehr dein Herz auch schrie, denn
sieh: Der Dornbusch deines Glaubens brannte.
Nimm den, der kam und sich besiegen ließ,
da er in deinem Kampf sich selbst erkannte. [283]

Du willst, dass Gott eingreift in dein Leben? Dem Verstand mag es ausreichen, Dinge lediglich zur Kenntnis zu nehmen, die Seele aber kann die Dinge, die sie sich aneignen möchte, nur durch Dankbarkeit aufnehmen und bewahren.

Die Worte, die wir aufnehmen, werden an die Wände des Herzens geschrieben. Dort wird der Heilige Geist sie lesen und zur rechten Zeit ins Leben bringen. Wenn wir nichts aufgenommen haben, hat der Heilige Geist nicht viel in uns und durch uns zu tun. [250 · 257]

:

Ich vertraue mich im Umgang mit der Bibel dem eigentümlichen Geheimnis an, dass man die Bibel tatsächlich verstehen kann, ohne sie zu verstehen.

Die Bibel ist ein Instrument Gottes, das in uns einen Resonanzboden finden will. Sie bleibt stumm, wenn sie in uns kein hörendes Herz vorfindet, weil wir ihr Geheimnis nicht mehr lieben. [258 · 260]

:

Inspiration ist ein vertrauensvoll zugelassener Kontrollverlust über das Geschehen. Es ist ein heiliges Nichtwissen, ein bewusst bejahtes Leersein vor Gott.

Nur der Unsichere ist offen genug, um in einem ausreichenden Maße von sich selbst abzusehen. Wer nicht unsicher sein kann, kann Gott nicht lieben. Nur ein leeres Gefäß kann erfüllt werden. Es ist eine vertrauensvoll hingehaltene Leere, in der die einzige Sehnsucht ist, der Himmel möge das Seine tun. [168]

Ein Schiff kann nicht in sich selbst vor Anker gehen.

Unsere Wahrheit ist nichts wert, wenn sie uns keinen Widerstand leistet. Der Widerstand ist wie die Kraft, die das Ankertau zu spüren bekommt, wenn Wind und Strömung das Schiff angreifen. Ist kein Widerstand da, hat der Anker keinen Grund gefunden. Unser Leben treibt unwillkürlich ab, wenn niemand da ist, der uns sagt, wie es um uns steht. [263]

:

Zwinge dich weder, irgendetwas zu glauben, noch verbiete dir, irgendetwas nicht zu glauben. Sei nur durchlässig und wachsam für das, was du empfängst.

Wenn du nicht glauben kannst, ist es ebenso wenig deine Schuld, wie es dein Verdienst wäre, wenn du glauben könntest. Rechne dir nichts zu und sprich dir nichts ab. Lass dich in Ruhe, und gib Acht, wie Gott sich dir in deiner Ruhe naht. [282]

:

Dem älter werdenden Glauben muss gesagt werden, dass er werden soll wie ein Kind. Nicht die erste Naivität des Kinderglaubens, in dem die Welt noch gut war und Gott der liebe Gott war, sondern eine Reife, die durch Enttäuschungen und Ernüchterungen und Erschütterungen hindurchgegangen ist und die zu jener Kraft in uns geworden ist, in der wir die Liebe und die Güte Gottes in unserer Welt als etwas Verletzbares begreifen.
Denn es ist eine notwendige Verletzbarkeit, die der Liebe innewohnt. [192]

Du bist an Gott beteiligt; er gibt dir Anteil an den Dingen, die durch ihn möglich sind. Wenn wir diese ungeheure Gottesnähe verinnerlichen, werden wir eine neue Behutsamkeit mit Gott erlernen. Wir werden uns nicht nur fragen, wie es uns geht, sondern wie es Gott mit uns geht. Wir werden begreifen, dass wir Gott unser Leben spüren lassen.
Wir sind Erfahrungen Gottes. [295 · 246]

:

Der Himmel hat in allen Geschehnissen die Mitwirkung des menschlichen Herzens beschlossen.
Wenn wir in unserem Seelengrund begriffen, was es heißt, die Anwesenheit Gottes zu verletzen oder zu schützen, zu dämpfen oder zu ermöglichen, bekommt unser Glaube etwas

Geistesgegenwärtiges, etwas Behutsames und Sanftes, eine Ehrfurcht gegenüber dem Heiligen, das sich uns anvertraut. [230 · 315]

:

Wir sehen die Ewigkeit nicht. Und dennoch heisst es, Ewigkeit sei in unser Herz gelegt. Es ist, als würde man mir mit Blick auf meine Geigen sagen: »Du hast Klang in ihr Holz gelegt.« Der Klang kommt nicht als eine neue Substanz hinzu, man sieht den Klang nicht. Die Geige bleibt Holz, und wir sehen nur das Holz. Der Klang ist vielmehr die Potenzialität der Geige, er ist ihre Möglichkeit. Die Geige kann klingen, und sie hört dabei doch nicht auf, Holz zu sein. So ist Ewigkeit in unser Herz gelegt: Du kannst klingen. Der Klang der Ewigkeit ist die Liebe, in all ihrer Vollmacht und Verletzbarkeit. [193]

Das Haupthindernis einer jeden Vollmacht ist, dass wir ohne Ruhe sind; das Haupthindernis einer jeden Berufung ist, dass wir unsere Ruhe wollen.

Abgeschiedenheit und Rückzug und jede beglückende Einsamkeit dürfen nur eine Phase, nicht aber ein Zustand sein. Wir frieren sonst den Himmel ein. [307]

:

Es ist eine wundervolle Bestimmung. Wir dürfen Gott verwirklichen und Gott verwirklicht sich in uns.

Die höchste Kunst der Gottesverwirklichung begründet, wozu es sich lohnt, zu leben. Es ist das Zusammenspiel mit Gott. Wir fragen: »Warum sollten wir für etwas beten, wenn Gott doch allmächtig ist?« Wer so fragt, missachtet das Wechselspiel der Liebe. Wir fragen: »Kann es nicht einfacher gehen?« Gott aber sagt: »Nein, es soll durch euch geschehen. Es soll gereinigt und geheiligt durch euch wirksam sein. Ich gehe über euch nicht hinweg. Ich habe dich in diese Welt geschickt, damit du dieses Zusammenspiel mit mir erlernst. Es ist das dir zugewiesene Leben.« [241]

:

Es gibt eine heilige Ruhe. Es ist die Ruhe, die gelernt hat, das Gute anzusehen. Wir nehmen dem Guten unseres Lebens das Ansehen, wenn wir nicht lernen, innezuhalten.

Wie kommen wir eigentlich auf diese Überheblichkeit, dass man »an sich selbst arbeiten« kann – als könne man Werkstück und Werkmeister in einem sein? [29]

Wir können nur denjenigen hören, dem wir angehören.

Hören bedeutet Zugehörig-Sein. Wenn wir den Sorgen gehören, hören wir ihre Stimme und tun, was sie uns sagen. Wenn wir der Gier gehören, hören wir ihre Stimme und tun das Verwerfliche, das sie uns sagt. Wenn wir der Bitterkeit gehören und den Enttäuschungen, die wir hegen und pflegen, hören wir nur die ewiggleichen Stimmen der Empörung, die uns das Ohr betäubt. So können wir auch die Stimme Christi nur hören, wenn wir uns – wie ein Instrument – von seiner Wahrheit stimmen lassen. Im Gleichnis vom Guten Hirten ist ebendies gesagt: »Meine Schafe hören meine Stimme, und sie folgen mir nach.«[6] Wenn die Zugehörigkeit nicht geklärt ist, wird auch das Hören unklar sein. [164]

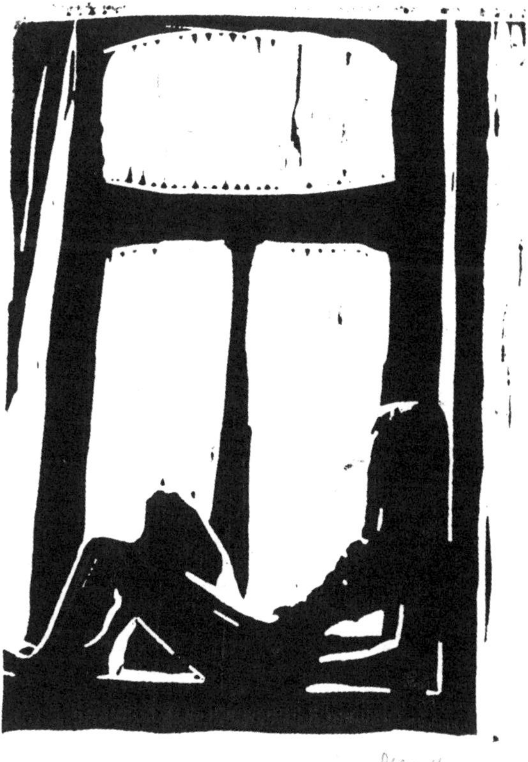

Ohne Worte
13,1 x 17,7 cm, 2013

Wenn wir den Weg der geistlichen Heilung gehen, wird das Böse nicht bekämpft, es wird schlicht bedeutungslos. Denn die Liebe erlöst, indem sie auflöst, was uns gebunden hat.
Das ist das Wesen der Vergebung. Wir vertreiben die Feinde nicht durch den Kampf. Das heißt: Bezwinge nicht das Böse in dir, sondern fördere das Gute in dir. Lebe mit der Autorität eines segnenden Herzens. [210]

:

Der reife Glaube ist nicht nur Vertrauen, sondern er ist auch eine Verneigung der Seele vor dem Geheimnis Gottes. Erst dann, wenn unser Glaube nicht nur das Vertraute, sondern auch die Gottesfurcht kennt, wird in ihm die alles umfassende Bereitschaft erwachsen, sich dem Dasein auch in seiner Krisenhaftigkeit zu stellen.

Zu wissen, dass mein Leben anders sein darf, als ich es mir wünsche, und zu wissen, dass auch Gott anders sein darf, als mein Glaube es ihm erlauben will – das ist die Verneigung meiner Seele vor Gott. Es ist Gottesfurcht. [194]

:

Die wesentlichen Dinge kannst du nicht machen, sondern nur empfangen. Aber du kannst dich empfänglich machen.

Es wäre oft schon sehr viel, wenn wir aufhörten, das Wirken Gottes zu stören. Der Begriff des »Aufhörens« sagt ja etwas sprachlich Entwaffnendes aus. Alles wahre Hören verlangt ein Auf-Hören. Es bedeutet: Unterbrich dich. Unterbrich, was du tust und denkst. Alles wirkliche Hören ist in der Tat ein Akt der liebenden Selbstunterbrechung. [169]

Das ist die zweite Naivität, in der wir beschlossen haben, dennoch zu lieben, dennoch zu hoffen, dennoch zu vertrauen. Tauche in Gott ein wie ein Kind. Komme nicht als jemand, der etwas vorzuweisen hat, sondern als jemand, der sich lieben lässt.
Das ist die Vollmacht und das Geheimnis des Kindes: es lässt sich selbstverständlich lieben. [192]

:

Es ist nicht möglich, Gott zu verstehen, aber es ist möglich, Gott zu *erkennen*, wie er sich uns zu erkennen gibt.
Im Verstehen ist kein Wechselspiel, es ist lediglich das, was wir selbst durchdenken, es bleibt für sich allein. Erkennen aber beruht auf einer Wechselseitigkeit. Es ist ein intuitives und inspiriertes Spiel der Liebe: Mir wird gezeigt, was

ich zu erkennen habe. Ich werde auf den Zustand meines Herzens verwiesen, denn hier entscheidet sich, was mir von Gott zuteilwerden kann. [222]

:

Es kostet ungeheure Kraft und ermüdet unsere Seele, wenn wir mit einem stumpfen Herzen leben – ein Herz, das durch Enttäuschungen, Resignation, Bitterkeit oder Sorgen stumpf geworden ist.

Mit einem stumpfen Herzen verlieren wir das Gefühl für das, was mit uns und um uns geschieht.

Unser Herz ist ein Empfangsorgan, mit dem wir deuten, was uns gesagt werden soll, und gestalten, was durch uns geschehen soll. Mit einem stumpfen Herzen empfangen wir nichts. [15]

Im Klang der Ewigkeit nehmen wir Anteil an Gott in unserer Welt.

Und wie ein Musiker, der eine Geige spielt, nimmt Gott Anteil an unserem Klang: seine Wahrheit in unserem Verhalten; seine Gerechtigkeit in unseren Verhältnissen; seine Barmherzigkeit darin, dass wir einander die Dinge nicht nachtragen, sondern lernen zu vergeben. All dies hat nicht mit romantischen Befindlichkeiten, sondern mit Ehrfurcht zu tun. Ehrfurcht ist eine in den Ernüchterungen des Lebens gereifte Form der Liebe. [193]

:

Unser Gebet ist stets der geistige Ort, an dem wir mit Vertrauen angereichert werden, es ist der Quellort, an dem wir Kraft empfangen, den Störungen zu widerstehen.

Wir können uns in dieser hochgestörten Welt nicht anders schützen als durch Segen. Segnende Gedanken sind innere Werkzeuge, die in uns am Werk sind und die erschaffen, wer wir sind. [240]

:

So wie ein Geigenbauer mit einem stumpfen Werkzeug das Gefühl für das Holz verliert, verlieren wir das Gefühl dafür, ob das, was wir tun, eigentlich stimmig ist; wir vernachlässigen die Dinge, denen wir uns zuwenden sollen, und übertreiben, was wir in Ruhe lassen sollen.
Vor allem aber verlieren wir das Gefühl für die Verheißung des Augenblicks, sind nicht geistesgegenwärtig, nicht präsent, und so arbeiten wir, ohne es zu merken, gegen die Fasern des Lebens an. Solch ein Leben kann nicht klingen. [16]

Wie eine vorsichtige und dann doch herzliche Versöhnung nach einem anstrengenden Streit, wie eine Genesung nach einer schlimmen Krankheit, so ist die Umkehr des Herzens. Metanoia ist die stärkste Verheißung, die der Mensch je hören kann, denn sie sagt: Deine gebrochene, geknickte, erloschene, abgestumpfte Liebe kann geheilt und aufgerichtet werden.

Das allein ist der Grund, warum der Glaube von Sünde spricht. Das stumpfe Eisen wird nicht verworfen, es wird geschärft. Dass du wieder scharf wirst, bedeutet, dass du wieder neu fähig wirst, die dir anvertrauten Menschen zu lieben; es bedeutet, dass du neu fähig wirst, dich deiner Welt zuzuwenden und ein Werkzeug des Segen zu sein. Dass du wieder fähig wirst zu lieben, ist der größte Gottesbeweis, den dein Leben je erfahren kann.

Darum ist Umkehr – metanoia – ein heiliger Trotz angesichts der Fehlbarkeit des Lebens. Es ist ein Trotz, den die angeschlagene Seele braucht. [25]

:

Wir bilden miteinander einen lebendigen geistigen Organismus, in dem jeder – wie die Organe eines Körpers – seine Gabe, Aufgabe und Bedeutung für das Ganze hat. Leben ist Verbundenheit. Wir sind eingewoben und verbunden in einem ständigen Wechselspiel zwischen Himmel und Erde. Der Himmel ist das geistige Universum, das mit dem materiellen Universum unablässig in Beziehung steht, er ist der unsichtbare Anteil der Wirklichkeit, er umgibt uns.

Der Himmel ist nicht jenseitig, sondern gleichzeitig; nicht fern, sondern nah. Er ist aller Welten Gegenwart. [237]

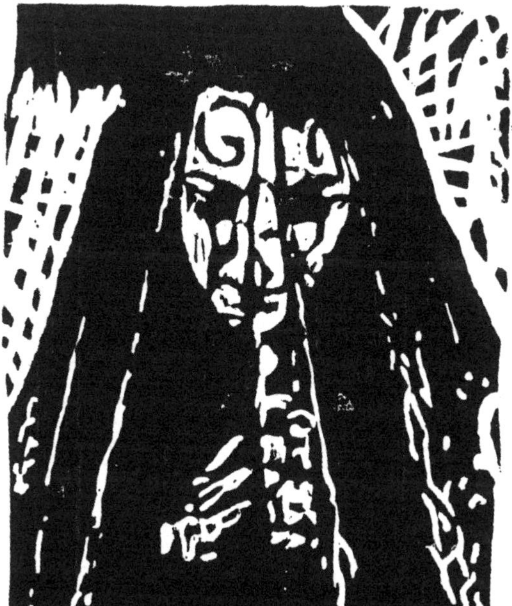

Die heilige Stille
12,2 x 16,2 cm, 2010

Nur durch die liebende Seele wird Gott in dieser Welt hervorgebracht – nicht, weil die Seele Gott erschaffen würde, sondern weil die liebende Seele inmitten der Welt des Lebens Gottes wirksame Gegenwart erlaubt. Es ist wie ein Knistern im Himmel, zu sehen, was in unserer Welt durch Glauben geschehen kann.

All dies ist in dem einfachen Satz gesagt: Glauben heißt erlauben. Darum ist es gewiss ein geistlicher Irrtum, »glauben« als ein Substantiv zu verstehen – etwa im Sinne eines dogmatischen Besitzes. Glauben ist ein Verb, ein innerer Akt, ein Handeln des Geistes.

Als innerstes Verb gesprochen bedeutet »glauben« nicht, auf der eigenen Wahrheit zu beharren, sondern die Wahrheit zu ermöglichen, die geschehen soll. Das heißt es, ein Gottesermöglicher zu sein. [320]

Gottes *Wesen* ist unantastbar, Gottes *Anwesenheit* aber ist in die Hände unseres Glaubens gelegt. Denn es ist eine verletzbare Anwesenheit. Wir sind verantwortlich für die Anwesenheit Gottes in unserer Welt.
Dass wir Anteil nehmen an Gottes Anwesenheit, ist der unendlich verletzbare Sinn unseres Daseins. Es ist eine liebende Gemeinsamkeit, eine heilige Gleichzeitigkeit, ein gemeinsamer Klang. Es ist das Geheimnis, dass wir die Liebe Gottes dadurch erfahren, dass wir ein Teil von ihr werden. [217 · 219]

:

Wir haben es in der Beziehung zwischen Himmel und Erde nicht mit einer ordinären Unterwerfungsgeschichte, sondern mit einer verletzlichen Berufungsgeschichte zu tun: Du bist zu einer hörenden Liebe berufen. Durch sie wirst du mit Weisheiten, Wirkungen und Kräften in Verbindung stehen, von denen du nichts wusstest. Der Himmel bricht nicht ein; er klopft an.

Wie ein Instrument zum Klang des Musikers wird, so liegt es an uns, ein Gottesermöglicher zu sein. [324]

Geschärft zu werden bedeutet, sich zu unterbrechen, damit Gott uns immer wieder für sich allein haben kann.

Wir sind verantwortlich dafür, uns ein fragendes Herz zu bewahren und uns zeigen zu lassen, wie wir geschärft werden können. Wer sich schärfen lässt, der begreift die Würde, die darin liegt, verantwortlich zu sein – verantwortlich für den eigenen Zustand. [17]

Wenn unser Denken aufhört, in Dinge hineinzuplappern, von denen es nichts versteht, führt uns die Weisheit der Seele oft auf eine Weise, die dem Verstand nicht zugänglich ist.
Manches muss eine andere Tiefe in uns finden als die des unentwegt plappernden Intellekts. Der ordnende Verstand kommt häufig erst im Nachgang dran; er darf die Dinge deuten und nachvollziehen, die sich in einem anderen Raum zu verstehen gegeben haben. [80 · 97]

:

Ich werde nicht aufhören, mit Gottes Möglichkeiten zu rechnen, und ich werde ihm ins Gesicht sagen, dass auch sein unbegreiflichstes Schweigen und seine unerträglichste Verborgenheit mir den Glauben nicht zerstört haben.
Ich werde nicht aufhören, mit Gott zu rechnen,

und werde meinen Glauben als Gewicht in die Waagschale eines Lebens legen, das sich gelohnt hat. Es hat sich gelohnt, mit dem Höchsten zu kämpfen und zu unterliegen; es hat sich gelohnt, den Gipfel der Gottesbegegnung zu besteigen. Die Würde werde ich mir nicht nehmen lassen, hart zu fallen, bisweilen auch bedrohlich abzurutschen und doch nicht abgestürzt zu sein. [291]

:

Wer in Sorgen und Ängsten lebt, hat keinen Zugang zu den Weisheitsschätzen seiner Seele, denn ihm fehlt der Mut, Dinge nicht zu verstehen. Darum beschränkt er sich auf das, was er weiß.
Die Angst treibt ihn dorthin, wo er sich seiner selbst sicher ist. Dort aber geschieht nichts Kreatives. [98]

Was wir wissen oder zu wissen glauben, betäubt uns das Ohr. Die hörende Leere, die wir brauchen, ist nicht Wissen, sondern eine in den Himmel hineinhorchende Stille.

Schweigendes Gebet heißt nicht, dass wir nichts sagen, sondern dass wir Gott wortlos unser Herz zuneigen.

Lass deinem Ohr die Zeit, sich auf den Himmel einzustellen. Sei nicht still, damit Gott zu dir spricht, sondern sei still, um dein ängstliches, fragendes, verzweifeltes, suchendes, liebendes Herz in den Himmel zu halten. [112 · 249]

:

Jesus wurde das »Lamm Gottes« genannt. Ich glaube, was das Leben und das Geschick Jesu uns lehren, ist ein Aussageanspruch, der uns nur überwältigen kann:

Die Anwesenheit Gottes ist das Verletzlichste, was man je verletzen kann.

Es ist die Lammesnatur Gottes in unserer Welt. Es ist die Liebe in ihrer notwendigen Verletzbarkeit. Sie ist der dieser Welt eingesenkte Sinn. [308]

:

Dankbarkeit erzeugt ein Empfinden der Fülle. Undankbarkeit erzeugt – egal, wie gut es uns geht – ein Empfinden des Mangels.

Wir entscheiden, in welcher Welt wir leben wollen – in einer Welt der Fülle oder einer Welt des Mangels. Beziehungen, die nicht von gegenseitiger Dankbarkeit bestimmt sind, werden unweigerlich hässlich und mühsam werden. Wir zeichnen einander durch die Scharten, die wir haben. [22]

So wird eine Welt geboren, die nicht Gott ist und die darum auch nicht sein muss wie Gott. Es ist eine Welt, die lieben kann (da sie aus Gott geboren ist), aber nicht lieben muss (da sie nicht Gott ist).

»Er entäußerte sich und nahm Knechtsgestalt an.«[7] Es ist das Opfer, das Gott erbracht hat, damit diese Welt entstehen kann.

Ohne eine Form der Selbstpreisgabe wäre keine Welt entstanden. Es wäre nichts entstanden, was nicht Gott ist. Alles wäre ein Teil Gottes, denn in einem Milieu der göttlichen Allmacht könnte nichts ausserhalb des göttlichen Wollens und Wirkens entstehen und geschehen. Es gäbe nichts gegenüber Gott.

Solch ein Milieu, in dem eine allmächtige Gottheit alles ist und alles macht, wäre keine Welt. Sie wäre lediglich ein Aspekt Gottes. [308]

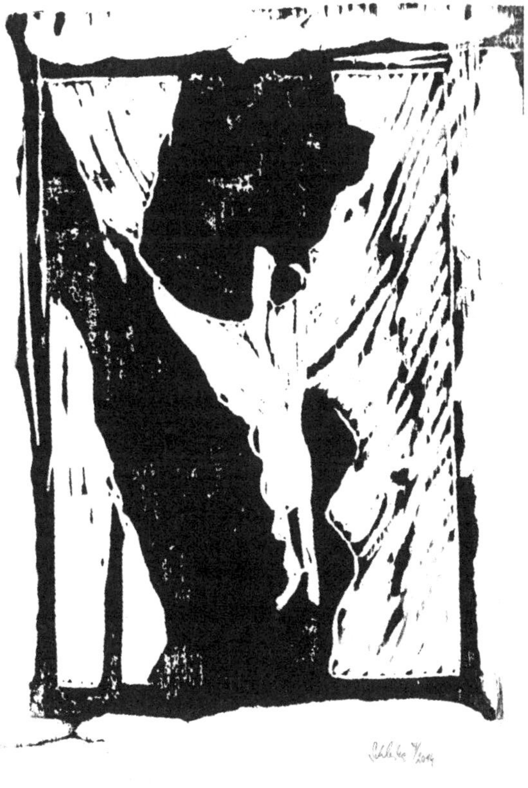

Am dritten Tage
12,8 x 19,6 cm, 2014

Zwischen dem Instrument und dem Musiker entsteht eine heilige Gleichzeitigkeit. Die Berührungen zwischen der schwingenden Saite und dem Bogen ist verletzbar. Zu viel Druck oder zu wenig Kontakt – beides lässt die Schwingungen brechen. So darf auch der Glaube – jenes innige und störbare Zusammenspiel mit Gott – weder zu viel Druck noch zu wenig Kontakt haben, denn gerade hier entsteht der Klang.
Alle Schönheit lebt aus einem verletzbaren Geschehen. [325]

:

Es ist nicht die Schuld des Eisens, dass es stumpf wird. Das ist nicht zu vermeiden; es liegt in der Natur der Sache. Mit jedem Stich spürt auch das schärfste Eisen das harte

Ahornholz. Mit uns ist es nicht anders: Es liegt im Wesen der Menschen, sich gegenseitig zu verletzen. Wir spüren, was die Welt uns zumutet, und die Enttäuschungen hinterlassen ihre Spuren. Das Leben mutet sich uns zu, und diese Zumutung verändert unser Herz.
Es ist nicht schlimm, dass wir stumpf werden. Aber fatal ist es, wenn wir uns nicht wieder schärfen lassen. [17]

:

Etwas zu »beherzigen« ist vielleicht das schönste Wort für »glauben«. Denn es bedeutet, dass du den Dingen, die du erkannt hast, in deinem Herzen und in deinem Handeln Raum gibst.
»Beherzigen« heißt »innere Heimat geben«.
Ein Gast, den du aufgenommen hast, wird zu dir sprechen. [266]

Dass das Buch Genesis den Musiker als den ersten unter allen Berufen nennt (4,21) hat gewiss damit zu tun, dass sich in der Erfahrung der Musik, der Erfahrung von Klang, Tanz, Rhythmus und Gesang das lächelnde Angesicht des Schöpfers auf den Menschen legte.

Denn der Zugang zum Heiligen ist nur durch die Befreiung vom Zweckdienlichen möglich.

Und eben dafür ist die Musik das erste Zeugnis. Sie braucht keine Worte, um eine Antwort auf das hin zu sein, was wir in dieser Welt durchleben. [50]

:

Gott hat uns die Fähigkeit gegeben, unsere Stumpfheit zu erkennen, aber er hat uns nicht das Recht gegeben, uns durch Selbstentwertung blau zu schleifen. Wer sagt denn, dass ein

Mensch geeignet ist, über sich zu urteilen? Wer sagt, dass er nicht zu weich oder zu hart mit sich ist?
Das Auge kann alles erkennen, nur nicht sich selbst. [28 · 26]

:

Unser Herz ist ein Organ des Himmels und der Erde zugleich. Dein Herz gehört dir nicht allein, denn es ist der Grund dafür, dass du nicht nur deine eigenen Dinge fühlen und denken kannst, sondern auch die Dinge des Himmels.
Dein Herz ist ein Knoten eines heiligen Netzes, das vom Himmel geknüpft ist und die Welt umspannt. Wir sind unendlich mehr mit dem Geschehen Gottes verbunden, als wir ahnen. Der Himmel ist das geistige Feld, das uns ständig umgibt. Es ist eine gegenwärtige Weisheit. [133]

Es gibt keine wichtigere Erfahrung als die, dass wir angesehen werden. Wir sollen einander helfen, das heilsame Ansehen Gottes zu sehen. Wenn wir so leben, ist unser Glaube auf einmal nicht mehr das Pochen auf Wahrheit, sondern das Möglichmachen von Wahrheit. Das Ergebnis ist eine getröstete und gestillte Seele. Die Erde kann nicht umhin, Gottes Wiege zu sein, und der Himmel kann nicht umhin, eine Hebamme dieser Wahrheit zu sein. [127]

:

In das Wunder der Klangfarben einzutauchen, hat nichts mit oberflächlichem Hören zu tun, bei dem man sich undiszipliniert und geistesabwesend von Tönen berieseln lässt. Wenn ich Musik höre, besteht mein Kopf nur noch aus zwei riesig großen Ohren; alles dazwischen verschwindet. Wer nicht fähig ist, seinen Kopf mit all den Herkömmlichkeiten, Träumereien, kleinen Gedanken und Sorgen im Klang der Musik (wenigstens einmal für ein paar Minuten) verschwinden zu lassen, der weiß nicht, was Hören heißt.

Hören ist Liebe. Anders als Sprechen ist Hören die radikale Abkehr vom Eigenen. Vielleicht beginnt darum das Sch'ma Israel als das höchste Gebot der Thora, von dem ich oben schrieb, mit dem Wort »Höre!«. [76]

:

Wer Stille nicht liebt, wird nie gute Instrumente bauen und hat keine Ohren. Man wird nie fähig sein, die Schönheit der Klangfarben zu hören, wenn man nicht aus der Stille kommt.

Die Ohren reinigen sich in der Stille. [159]

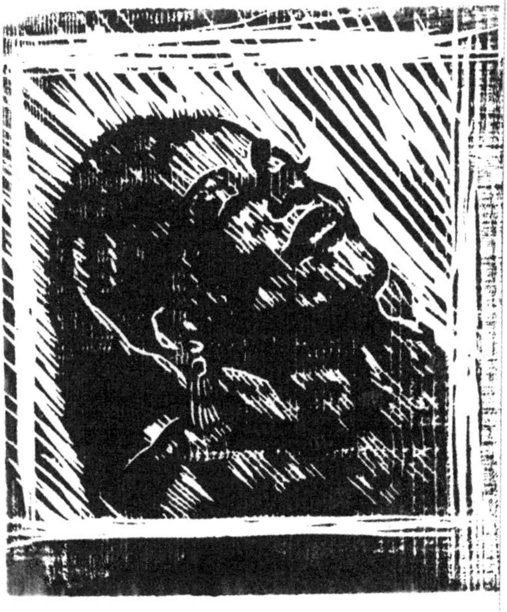

Mit jeder Faser
14,9 x 16,8 cm, 2014

Die Liebe, die dem inspirierten Weg vorausgeht, könnte man eine »prophetische Liebe« nennen. In ihr ist buchstäblich ein innerer Liebeskummer nach Gott. Sie streckt sich mit jeder Faser ihres Daseins danach aus, die Gegenwart des Heiligen zu erfahren und seinen Willen zu verwirklichen. Wenn uns die Sehnsucht nach Gott fehlt, werden wir den Gottesweg nicht gehen.

Gott offenbart sich dem Suchenden, er spricht zum Hörenden, und er bezeugt sich durch den Liebenden.

Das inspirierte Leben ist keine Methode, die man erlernen kann, sondern Ausdruck einer Liebe, in der man sich üben und in der man reifen kann. Kein Mensch kann Gott je finden, aber wenn wir in jener Liebe vorgefunden werden, hat diese das innere Recht, das Leben aus den Gaben Gottes zu entfalten. Suchen heißt, sich aufsuchen lassen; finden heißt, vorgefunden werden. [104]

Eine von Inspiration geprägte Lebensform bedeutet nicht, dass wir die Dinge mit Orakeln überziehen und uns in die unsichtbare Welt hineindrängen. Eine Mitteilung des Himmels kann auch ein schützendes Schweigen sein. Manchmal wird eine schützende Hand des Himmels uns davor bewahren, Dinge zu erkennen, denn die Zeit ist nicht reif. [144]

:

Als Geigenbauer weiß ich: Jedes Holz hat seinen Faserverlauf, seine Geschichte, seine Eigenheiten und Verletzungen. Das muss ich spüren, um das Holz zum Klingen zu bringen. Doch dazu braucht es Barmherzigkeit mit dem Gegebenen. Sie ist die eigentliche Schöpfungskraft, die alles heiligt, was sie berührt: unsere krummen Fasern, unsern Drehwuchs, das

Reaktionsholz, das sich durch schwierige Umstände gebildet hat, die Abhölzigkeit – all das, was nicht perfekt ist. Ich weiß als Geigenbauer ein Lied davon zu singen.
Was schaust du deine krummen Fasern an, aber bist ohne jeden Glauben an den Klang, der dir verheißen ist? [31]

:

Mit dem Herzen zu hören, kann Leben retten. Vielleicht ist es nur der Mut, ernst zu nehmen, dass Gott in einer verborgenen Weise gegenwärtig ist. Es ist eine Verborgenheit, die wir oft so schwer ertragen. Und doch ist es die himmlische Bitte, dass wir lernen, mit ihm zu kooperieren.
Ein Herz, das sein Misstrauen gegen Gott losgelassen hat, ist ein offenes Ohr im Himmel. [133]

Unser Leben betet zu Gott und predigt der Welt unablässig, was wir im Herzen haben.
Wir müssen unsere Lippen nicht bemühen. Unsere Worte werden nur so weit erhört, wie sie Ausdruck unseres Herzens sind. Gott sieht das Herz an, er erhört das Herz. [149]

:

Das Gewebe des Lebens ist durchzogen von ebenjenen unsichtbaren Kettfäden der Gnade. Sie ermöglichen, tragen und fügen, was wir leben und sind. Auf eine vielfache Weise – durch Mitfühlen und Mitdenken, Fürbitte und Fürsorge – nehmen wir Anteil an den Kräften der Gnade.
Darum haben wir Anteil an Gott. Durch Mitfühlen nimmt unsere Seele Anteil an Gott, durch Mitdenken unsere Vernunft, durch Für-

bitte unser Geist, durch Fürsorge unser Tun. So nehmen wir Anteil an den wirksamen Kräften des Segens.
Es ist eine gewaltige Struktur oder Skulptur der Segnungen, durch die Himmel und Erde miteinander verbunden sind. [238]

:

Wir müssen das, was uns trägt, nicht tragen.
Unser Glaube ist oft so mutlos, weil wir uns Gott nicht zumuten. Unser Glaube ist schwach, weil wir meinen, wir müssten vor Gott stark sein. Unser Glaube ist krank, weil wir glauben, wir müssten gesund sein. Weil wir uns nicht zumuten, wie wir sind, hören wir die ermutigende Stimme Gottes nicht. Nicht nur der fromme Glanz, sondern auch der Schatten meiner Seele kann lernen zu beten. [162]

Gott plappert nicht.
Es werden für ein einziges Menschenleben nicht viele Dinge sein, die wir zu hören haben, doch diese werden nicht selten in einer eigentümlichen Weise bestätigt, erneuert und bekräftigt. [138]

:

Die Vorstellung, unser Glaube müsse frei von Zweifeln, unsere Liebe frei von Krisen, unsere Zuversicht frei von Niedergeschlagenheit, unsere Hoffnung frei von Rückschlägen sein … all dies schleift die Seele blau.
Denn was den Glauben bedrängt, ist nicht der Zweifel, sondern die Erwartung, er müsse frei von Zweifeln sein.
Durch manche Krisen hindurch habe ich gelernt, dass uns Verunsicherungen zugemutet

werden müssen, damit wir erkennen, was uns gesagt werden soll. Darum wird jeder lebendige Glaube uns nicht nur zur Gewissheit werden, er muss auch zur rechten Zeit eine Verunsicherung sein, eine kreative Verunsicherung, etwas, das uns wach und wahrhaftig macht. [33]

:

Die Welt wurde durch den Gesang des Heiligen Geistes erschaffen.

Sind Bäume, Pflanzen, Steine, Menschen nicht Musik, die eine sichtbare Form angenommen hat? Es ist die Musik der Gottesliebe, und wir haben nicht nur die Erlaubnis, sondern sogar die heilige Pflicht, diese Musik des Lebens zu erforschen, zu erlernen und durch den Gesang und den Klang unseres eigenen Daseins zu interpretieren. [48]

Das Herz ist der Ort, an dem wir unsere Sehnsucht nach Gott durchleben – oder diese Sehnsucht in uns töten.
Es ist der Ort, an dem man schon zu Lebzeiten sterben kann, wenn der liebende Glaube, der unser inneres Licht und Feuer ist, in uns erloschen ist. Das Herz ist Bethlehem, Gethsemane und Golgatha. [133]

Wenn der Zweifel ein Bote Gottes ist, wird er uns helfen, Gewissheiten zu verlieren, damit Raum für das entstehen kann, was uns gesagt werden soll. Er wird Abschied nehmen, wenn wir seiner nicht mehr bedürfen. Denn wir haben uns aufgemacht zu tun, was wir begriffen haben. Das heisst, wir haben Wahrhaftigkeit erlernt.

Der Verlust von Gewissheiten, an die wir uns gewöhnt hatten, ist ein typisches Symptom der Postmoderne. Dass wir Gewissheiten verlieren, weil etwas nicht stimmig ist, kann auf eine verstörende Weise heilsam sein.
Wenn eine Gesellschaft aber ihre Sehnsucht nach der verloren gegangenen Gewissheit verliert, ist sie verloren. [35]

:

Meine Arbeit an der Werkbank und im Labor ist Gebet.
Denn wie kann ich damit rechnen, ein Werk zu erschaffen, dem es geschenkt ist, die Stimme einer menschlichen Seele zu sein? Das kann man nicht machen; niemand kann es machen, es sei denn, es ist Gnade im Spiel. Etwas Schöneres als die Kräfte der Gnade gibt es nicht. [91]

Demut ist die Einsicht, dass die Dinge häufig anders laufen, als wir es uns wünschen. Die Kluft zwischen unserem Wollen und unserem Werden, zwischen unserer Erwartung und der ausbleibenden Erfüllung zeigt uns, wie wenig wir die Baumeister unseres Lebensgebäudes sind. Die einzig nicht selbstverletzende Weise, darauf zu reagieren, ist Demut.

Demut ist kein Abtöten des inneren Wollens, sondern ein Aspekt der Liebe sich selbst gegenüber, nämlich die Bereitschaft, empfänglich für ebenjene Weisheit und Führung zu sein, die sich unserem Verstehen entzieht und sich unserem verletzlichen Vertrauen schenkt.

Wie wenig ich auch verstehen mag, ich werde meine Visionen und Träume nicht töten, sondern werde – um Gottes willen – fähig zur Enttäuschung bleiben. [310]

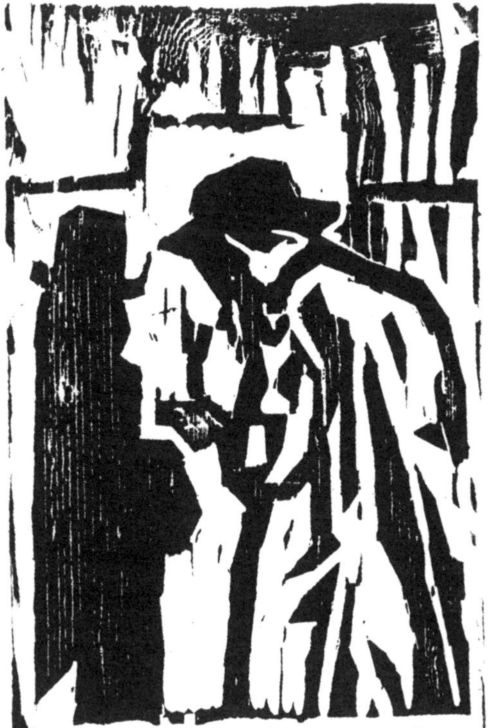

Betender Rabbi
12,8 x 19,6 cm, 2014

Wer Gott finden will, der darf die liebende Suche nicht durch ein religiöses Bekenntnis oder durch theologische Bildung ersetzen. Wenn die Glut der Sehnsucht in uns erkaltet ist, dann bleibt das, was einmal Glaube war, als die kalte Asche einer religiösen Lehrmeinung in uns zurück.
Ich suche nicht nach Gott, sondern mit Gott. Das ist etwas anderes. Wir irren nicht suchend umher, sondern werden aufgesucht. [191]

:

Inspiration ist nicht Wissen, sondern Nichtwissen. Es ist nicht Denken, sondern Empfangen. Diese Situationen, in denen es nicht um Wissen und Können, sondern um Wahrnehmen und Empfangen geht, machen einen machtlos. Aber man muss diese Machtlosigkeit nicht fürchten; sie zu bejahen, bedeutet, sich empfänglich zu machen. Empfänglichkeit für das, was geschehen soll, ist ein Zustand heilsamer Ohnmacht, es ist ein ästhetisch herbeigeführter Kontrollverlust des Denkens.

Wenn mir der Mut zum Nichtwissen fehlt, kann ich die Verheißung des Augenblicks nicht spüren. [170]

:

Es macht nichts, dass ich viele Dinge nicht verstehe. Den weitaus größten Teil des Universums erfassen wir ohnehin nicht durch Verstehen, sondern durch Vertrauen.

Und überdies fühle ich mich in den Dingen, die ich noch nicht verstehe, aber dennoch schon erlebe, in guter Gemeinschaft mit den biblischen Urfiguren des Glaubens. [146]

Wir können vor lauter richtiger Theologie ganz vergessen, aus Glauben zu leben. Es fällt uns oft schwer, den Gedanken hinzunehmen, dass der Himmel von unseren dogmatischen Richtigkeiten möglicherweise weit weniger beeindruckt ist, als wir uns das wünschen.
Vielleicht geht es bisweilen weniger darum, was in unseren Augen richtig ist, als darum, was in Gottes Augen aufrichtig ist. [146]

:

Ohne Freude kann nichts heilig sein. Die Bibel redet viel von der »Heiligung des Lebens«. Aber Heiligung bedeutet nicht, dass wir an uns arbeiten, sondern dass wir aus den Quellen unserer Freude leben. Einzig die Freude hat die göttliche Kraft, der es gelingt, uns in der Tiefe unserer Seele zu verändern – und wir werden es oft nicht einmal merken, denn es ist keine gewollte, sondern eine gewachsene Veränderung.

Die Freude ist der Werkmeister des Lebens. [32]

:

Wir werden dem ähnlich, was wir lieben. Der Zugang zu dieser Erfahrung der Angleichung an den Geliebten aber ist die Freude. Das Bild Christi nimmt in uns Gestalt an, weil wir ihn lieben. So wird unser Suchen und Sehnen, unser Ringen und Fragen als ein Ausdruck unserer Liebe geheiligt sein – nicht, weil wir es müssen oder sollen, sondern weil die Kraft dessen, was wir lieben, nicht anders kann.

Die Frage des Lebens ist, was du liebst. Du formst und veränderst dich nicht einfach, sondern du liebst – und so wirst du durch die Liebe unmerklich verändert. [30]

Der Zustand unseres Herzens und der Wille Gottes stehen unentwegt miteinander in einer wirksamen Beziehung.

Beide haben ihr Mitspracherecht an den Dingen, die geschehen. Ich glaube, das Heilige setzt sich nicht über den Ort des Heiligtums in unserer Welt hinweg: Es ist die Sehnsucht unseres Herzens, durch die wir einwilligen oder verweigern, was geschehen kann. [151]

:

Manchmal können wir nur auf eine schmerzhafte Weise gesegnet werden. Dann entziehen sich uns die gewohnten Antworten, damit wir Fragende bleiben; es entzieht sich das vertraute Wissen, damit wir Erkennende bleiben; es entzieht sich uns, was wir über uns dachten, damit wir neu und tiefer begreifen, wer wir sind.

Darum gibt es einen Zweifel, der nicht weniger heilig als der Glaube ist, denn er macht uns ehrlich und wach.

Die Dumpfheit dagegen, die weder Zweifel noch Glauben kennt – und die durch einen Mangel an Zweifel so selbstgefällig und durch einen Mangel an Glauben so einfallslos ist –, ist lebensfeindlich. Ihr sind die Dinge schlicht egal. [33]

Wie die Sehnsucht allein nicht ausreicht, um ein guter Musiker zu sein, sondern man das Spielen des Instrumentes auch üben muss, so ist es auch mit dem hörenden Gebet. Die Gnade, die wir empfangen, würde uns nicht ernst nehmen, würde sie auf unsere Treue verzichten.

Das Gute geschieht am ehesten in der Einheit von Gnade und Arbeit. [172]

Der Liebende liefert sich aus.

Es gibt nichts Höheres und Glücklicheres, als sich mit jedem Neuron hineinzuwerfen in die größere Weisheit Gottes, um zu hören, zu spüren, zu sehen, was geschehen kann. Der Verstand reinigt sich erst dann von der Arroganz, wenn er einsieht, dass es eine größere Weisheit als jene gibt, die er selbst zu denken vermag. {152f.}

:

Dem Zweifel ist eine heilige Autorität gegeben, die uns sagt: Gott darf sich deinem Glauben entziehen.

Wenn die guten Rituale deiner Liebe zur lieblosen Routine geworden sind und religiöse Gewohnheit sich in deine Gottesliebe eingeschlichen hat, wenn du aufgehört hast, durch den Weg zu lernen, den du gehst, und du dich stattdessen in ein Gedankengebäude eingenistet hast, wenn du Gott durch deinen Glauben gezähmt hast (und nennst das Ergebnis Religion), dann wird der Zweifel diese Autorität in Anspruch nehmen – denn ohne ihn, der dich unruhig macht, würdest du unmerklich Gott verlieren. [34]

:

Das Dramatische ist nicht, dass wir zu wenig wissen, sondern dass das, was wir wissen, uns zu wenig verändert.
Wissen ist nur der Notensatz, Erkenntnis aber ist der Klang, den wir hören, wenn wir die Noten spielen. Unsere klugen Exkurse drehen nur ihre Runden auf den Tartanbahnen des Möglichen; der Glaube aber ist der Aufbruch in die Expedition des Unmöglichen. [261 · 296]

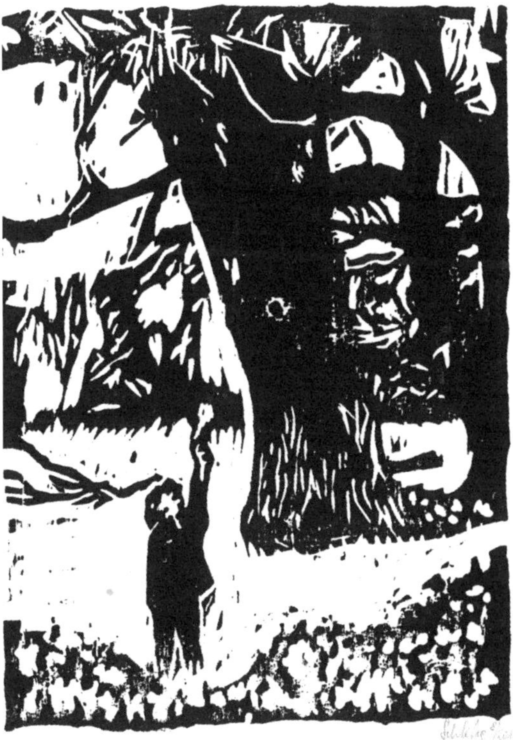

Lorenz und die Eichen
11,7 x 16,1 cm, 2010

Ich glaube, wir sind es dem Schöpfergeist schuldig, schöpferisch zu sein. Es ist keine moralische Schuld, sondern die moralische Antwort darauf, wer wir sind. Die Gottebenbildlichkeit des Menschen, von der die Bibel spricht, bedeutet doch vor allem, dass wir den Geist Gottes darin atmen, schöpferisch zu sein.

Gott hat uns keinen Bedenkenträgergeist des Stillstands gegeben, sondern einen jungen Geist der Hoffnung, der Liebe und der Schöpfungskraft. Wenn wir diesen Geist aufgeben, haben wir uns entschlossen, alt zu sein. Dann haben wir buchstäblich unseren Geist aufgegeben.

Ich glaube, der Heilige Geist ist ein junger Geist, denn er bringt immer wieder Neues und Junges hervor. [93]

Es ist wichtig, zwischen Vollkommenheit und Perfektion zu unterscheiden. Der Perfektionist ist ständig bemüht, die Gnade Gottes mit seiner eigenen Großartigkeit anzureichern, denn was ihn treibt, ist die Angst, dass es nicht reicht. Der Vollkommene ist weiß Gott nicht perfekt, aber er lässt sich von Christus die Füße waschen, und er widersteht dem Impuls, dass er dessen nicht würdig sei. Darum ruht er in seiner Würde. Das ist seine Vollkommenheit, dass die unendlich demütige Gnade Gottes seine Seele berührt. [32]

:

Wage dir vorzustellen, dass du nicht nur ein denkender und fühlender, sondern auch ein empfangender Mensch bist. Denn dein Herz macht dich nicht nur zu einem intellektuellen,

sondern auch zu einem inspirierbaren Wesen. Dein Herz ist ein leidenschaftliches Organ, seine Abgründigkeit ist ein schwarzes Loch und seine Möglichkeit hell wie der Morgenstern.
Lass dich erleuchten. Denn dein Herz kann sich befreien, erhören, heilen und retten lassen. [133]

:

Ohne die Bereitschaft, in einem Mindestmaß an unserer Verheißung auch zu leiden, werden wir unseren Weg nicht gehen. Das verstehe ich unter Leidenschaft.
Lieber will ich Erschöpfung und Enttäuschung in Kauf nehmen, wenn das bedeutet, von ganzem Herzen, ganzer Seele und ganzer Kraft gelebt zu haben, denn in der enttäuschungsresistenten Mittelmäßigkeit ist kein Glück zu finden. [70]

Es geht nicht darum, dass wir glauben, was wir fühlen, sondern dass wir lernen, uns in das hineinzufühlen, was wir glauben.
Mein Glaube ist keine Quelle der Sicherheit, er ist eine Gott zugewandte, fragende Liebe. Lieber will ich Gott mit einer Klage oder einer Frage in den Ohren liegen, als ihn mit einem festen Glauben und einem aufgesetzten Lobpreis abzuspeisen. [234]

:

Wir überheben uns am Leben, wenn wir meinen, die wesentlichen Fragen ließen sich beantworten – als hätten die wesentlichen Fragen nicht den Sinn und das Recht, durchlebt zu werden!
Eine Antwort hebt die Frage auf. Doch was du durchlebst, verwandelt dein Herz. So bereitet uns Gott einen Frieden im Angesicht unserer

Fragen, wenn wir begreifen, wozu die Frage uns dienen soll. Gott wird dich dermaleinst nicht fragen, auf wie viele Dinge du eine Antwort wusstest, sondern welche Antworten du gelebt hast. [258]

:

Der Mensch wird nicht kraft eines göttlichen Gebieters verplant, sondern ist berufen, kraft des Glaubens ein heiliges Geschehen ins Leben zu rufen. Ein göttlicher Plan, der sich das Leben einverleibt, hätte nichts Heiliges an sich, sondern wäre lediglich Zeugnis von Unterwerfung und Okkupation. Heilig ist vielmehr jene Wolke der Möglichkeiten, in die der liebende Glaube hineingreift und Heilsames, Gutes, Aufrichtendes, Wohltuendes, Segensreiches zur Welt bringen kann.

Dieser Vorgang, der in einem jeden Augenblick zukünftiges Geschehen in Gegenwart verwandelt, ist zutiefst heilig. Man nennt diesen Vorgang »Leben«. [230]

:

Was der Zukunft die Hoffnung ist, das ist der Vergangenheit die Vergebung.

Nur die Reue schafft wirklich Bereinigung, nur die Umkehr schafft eine heilige Ruhe, nur das Vertrauen besiegt die Sorge, und nur die Liebe triumphiert über die Angst. Weil uns Reue und Umkehr, Vertrauen und Liebe fehlen, zerrinnt uns die Gegenwart zwischen den Fingern, und wir sind nicht wirklich da. Wer etwas von der Heilung der Menschenseele versteht, der weiß, mit Reue und Umkehr, Vertrauen und Liebe zu leben, denn nur so bezwingt er das Unheil der

Vergangenheit und die Heillosigkeit der Zukunft. Nur so wird er der Gegenwart geschenkt und in ihr Gott. [24]

:

Die Freude und Gotteskraft, aus der wir leben, hat ganz gewiss damit zu tun, dass wir unsere Quelle finden und aus ihr schöpfen. Andere Menschen mögen andere Quellen haben. Doch wir können unseren Glauben nur stärken, wenn wir aus unseren eigenen Quellen leben, wie es bei Salomo im Buch der Sprüche heißt: »Trinke Wasser aus *deiner* Zisterne und was quillt aus *deinem* Brunnen«[8].

Es ist nicht wichtig, dass wir alle die gleiche Liebe haben. Aber wir sollten wissen, worin diese ihre Quellen hat. Nur unsere Liebe nimmt Anteil am Willen Gottes. [123]

Empathie ist liebende Zuneigung, und sie wird vom Geist Gottes in uns durch unser wachsames Dasein geweckt. Wir begrenzen die Gaben einzig durch das Maß unserer Angst. Der Himmel schüttet sich in Fülle aus, aber der Becher setzt der Gabe die Grenze.

Wenn wir fragen: »Gott, welche Gabe willst du mir geben?«, wird er fragen: »Welche Aufgabe darf ich dir sein?«

Gott kommt im fremden Menschen auf uns zu; er kommt im kranken Menschen auf uns zu; er kommt im traurigen Menschen auf uns zu; er kommt im versagenden und gescheiterten Menschen auf uns zu; er kommt im Wagnis auf uns zu.

Eine Gabe, die sich vor ihrer Aufgabe drückt, hat keinen Raum, in dem sie wachsen und reifen kann. [124]

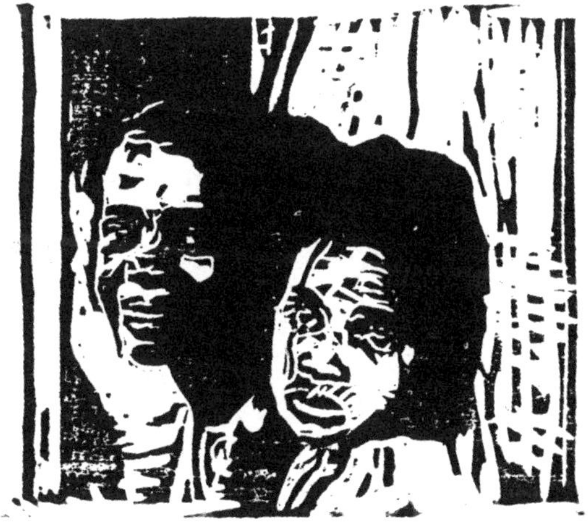

Die inneren Kinder
13,6 x 12,1 cm, 2010

Die Welt spricht nicht zum Wissenden, sondern zum Fragenden.

Als die Wissenden sprechen wir über die Welt, als die Fragenden spricht sie zu uns. So ist es auch mit der göttlichen Welt. Der Himmel spricht nicht zum Wissenden, sondern zum Suchenden und Forschenden. Er offenbart sich nicht demjenigen, der es besser weiß, sondern demjenigen, der all sein Wissen aus gutem Grund für nichts achtet – und dem Himmel ebendies liebende »Nichts« als ein leeres Herz hinhält. {112}

:

Es liegt an uns, Antwort zu geben, auf welche Weise wir Gott unsere Liebe zeigen wollen. Es ist unsere Würde und unser Mitspracherecht an diesem Leben.

Wenn wir uns vor dieser heiligen Antwort drücken, konfrontiert uns das Leben mit einem schroffen Klang: »Warum gibst du nicht Antwort? Warum drückst du dich vor der Verantwortung, zu erforschen, durch welche Art der Liebe du deinem Leben Ausdruck geben willst?« Es gibt keinen anderen Weg zu unserer Wahrheit, als dass wir darauf Antwort geben. Es ist der Weg zu unserem Charisma.

Ein Charisma kommt nicht einfach über uns – ihm geht eine entsprechende Liebe voraus. Unsere Gaben müssen nicht unsere Sorge sein, sie werden gegeben und können sich auch entziehen, sie sind nicht unser Eigentum. Aber wir sollen auf das Gefäß achten, in das sie sich gießen wollen. Die Antwort, die wir geben, kann und darf sehr verschieden sein, aber der Himmel liest sie nicht auf unseren Lippen, sondern in unserem Leben. [121]

Wenn wir keine Fragen haben, was sollte Gott denn reden?
Gott wird nicht hineinplappern in ein dumpfes Herz, das keine Fragen hat. Lass zu, dass der Himmel dir Fragen stellt. Denn nur so trittst du in den Dialog ein. [174]

:

Eine Geige zu bauen ist eine Schule des Vertrauens. Ich vertraue darauf, dass meinen Händen das Richtige gelingt und dass meine Arbeit etwas Dienendes hat – das Instrument soll dem Musiker eine Stimme sein. Diese Vorgänge berühren die Tiefen der menschlichen Seele so sehr, dass man mit bloßem Wissen hoffnungslos verloren wäre.
Es wäre infantil, die wesentlichen Dinge auf Wissen zu reduzieren, anstatt der Intuition des

langsamen Werdens und der Inspiration des Augenblickes zu vertrauen. Wenn das Instrument gelungen ist, wird es in den Händen des Musikers ein Recht und eine Vollmacht haben, Seelen aufzurichten, zu stärken und zu trösten. Diese Vollmacht kommt aus dem Vertrauen. [100]

:

Suche nicht Gotteserfahrungen, sondern Gott.
Es ist ein Gebot der Ehrfurcht, dass wir nicht versuchen, aus Gott eine spirituelle Erfahrung zu machen. »Neige Gott dein Herz und verweile in der liebenden Stille.«
Das inspirierte Hören ist weder eine spirituelle Technik noch die höhere Kunst der Meditation. Es ist keine Methode, sondern eine Gebetssprache der gespannten und erwartungsvollen Gottesliebe. [173]

Ohne Sehnsucht verliert die Treue ihre Leuchtkraft, ohne Treue verliert die Sehnsucht ihr Obdach.

Wenn wir Gebet als eine Einheit von Gnade und Arbeit begreifen, werden wir weder seelisch erblinden noch im Innern obdachlos sein. [172]

:

Gefühlen zu vertrauen oder sie gar als eine Quelle der Erkenntnis zu verstehen, wird oftmals skeptisch betrachtet. Diese dramatisch falsche Sichtweise führt zur Entwürdigung und Verkümmerung der Seele.

Wenn ein Mensch seinen Glauben von seinen Gefühlen abtrennt, weil er seinen Gefühlen – und damit letztlich sich selbst! – misstraut, erreicht der Glaube niemals die Tiefe, in der er wohnen soll, und es entsteht kaum ein gesundes Empfinden für stimmiges Leben. Das Ergebnis sind Glaubensriesen, die zugleich emotionale Zwerge sind. [165]

:

Wie ein Musiker Heimat im Klang des Instrumentes sucht, so sucht Gott Heimat in seiner Welt. Die Heimat, die er sucht, ist das Ohr des Menschen.

Es mag Welten geben, in denen der Himmel andere Instrumente hat. Hier aber ist es der Chorraum der Herzen, die gelernt haben, Gott zu erhören. Das muss unserer Liebe gesagt werden. Denn sie soll einmal sehen, wie sehr sie eine Geliebte des Ewigen war, ein Instrument seiner Schönheit. An Gottes Anwesenheit teilzuhaben ist der unendlich verletzbare Sinn unseres Lebens. [326]

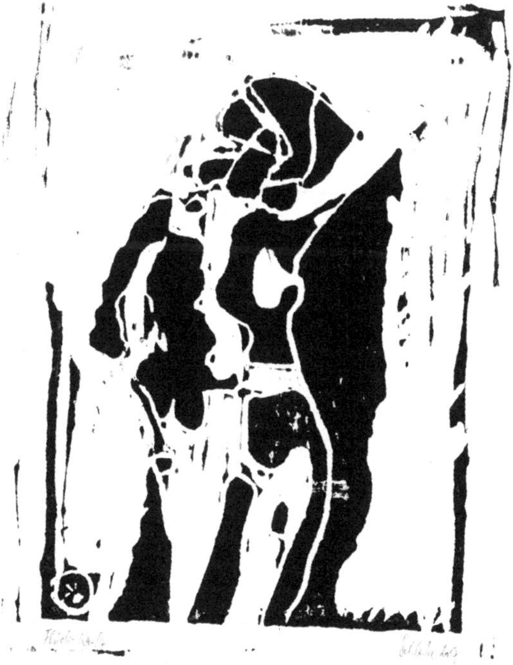

Skulptur
16,9 x 11,9 cm, 2017

Die Verhandlung

Es entbrannte aber ein Streit unter den Jüngern, wer Christus sei. Da sprach das Auge: »Christus ist das Licht.« Er erscheint im Gleichnis und in Bildern. Ihre Einsicht erschüttert die Planken des Geistes, die Gedanken, die sich wehren. Ich sehe an, was Christus in mir bildet. Ich habe ihn angesehen.

Der Fuß widersprach und sagte: »Christus ist der Weg.« Er ist die Bewegung des Lebens. Wir wissen nichts über ihn, es sei denn, dass wir den Weg mit ihm gehen. Darum spricht er: »Folge mir nach.«

Der Mund aber sprach: »Christus ist der Logos.« Er stellt sich nur im Dialog heraus. Darum sind uns die Zunge und ein langer Atem gegeben. Er fragt: Was sagt ihr, wer ich sei?

Christus gibt sich denen zu erkennen, deren Wort Rechenschaft gibt.

Das Ohr aber widersprach dem Mund und sagte: Beginnt das höchste Gebot etwa mit dem Wort »Rede«? Nein, es heißt da: »Höre, Mensch!« Hören ist keine Gabe, sondern ein Gebot: Wie eine Saite gespannt wird für ihren Klang, so sollen wir uns von Christus stimmen lassen, und wir werden merken, ob die Dinge, die durch uns geschehen, stimmig sind. Ein ungestimmtes Herz ist wie ein verstopftes Ohr. Darum sagt das Gebot: Höre! Sei gespannt, lass dich stimmen, und du wirst die Stimme dessen hören, dem du angehörst. Das alles ist in dem Wort gesagt: »Meine Schafe hören meine Stimme.«

Da sprach der Durst – er ist der älteste und wohl auch stärkste unter allen Jüngern: »Christus ist die Quelle des Lebens.« Ich schöpfe aus ihm. Die Schöpfung hätte nicht den Schmerz des Durstes hervorgebracht, wäre da kein Wasser, von dem wir leben. Weist nicht der Schmerz auf das hin, was uns stillen soll? Darum heißt es: »Meine Seele dürstet nach Gott!« Ist nicht der Durst die unbestechlichste aller Kräfte, die uns sagt, was uns segnen, stillen und erfüllen kann? Nur der Durst weiß, wovon wir leben. Er gibt Zeugnis vom Wasser, das ihn erschuf.

Dem pflichteten sie alle bei. Und das Auge sprach: Ich wurde vom Licht erschaffen. Denn gäbe es kein Licht, so hätte die Schöpfung gewiss kein Auge hervorgebracht. Es wäre unnütz und dumm.

Und das Ohr sprach: Ich wurde vom Schall erschaffen.

Und der Fuß sprach: Ich wurde von der Bewegung erschaffen.

Und es war, als würden sie in einen Spiegel blicken, als sie sich fragten: Wurde nicht in gleicher Weise die Sehnsucht als Antwort auf den Ewigen erschaffen? Bezeugt nicht die Sehnsucht nach Sinn den Sinn, der die Sehnsucht erschuf? Hat nicht das lebendige Wasser den Durst nach Leben hervorgebracht?

Und sie erkannten, dass die Liebe erschuf, was sie lieben kann; und so lauschten sie dem Echo auf diesen Schöpfungsakt. – Und sie erkannten sich als die Geliebten.

Da unterbrach ein Jünger, der bis dahin unruhig geschwiegen hatte, das ganze Geschehen.

Es war die Hand, die nun sprach: Ihr Mystiker, kommt ins Handeln! Übt, was Christus euch sagt, dann werdet ihr wissen, wer er ist. Wie wollt ihr erkennen, was ihr nicht wagt? Was wollt ihr je begreifen, wenn ihr nicht tut, was ihr begriffen habt? Man kann Kräfte nur wahrnehmen, wenn sie wirksam sind. Seine Kraft bewegt uns. Sie formt uns. So gibt sie sich zu erkennen. Was aber soll seine Kraft tun, wenn ihr euch nicht formen lasst? Sie würde euch brechen.

Darum – so fuhr die Hand fort – entzieht sie sich denen, die sich nicht zum Handeln bewegen lassen. Wie häufig aber sind zur rechten Zeit die rechten Dinge geschehen. Darum heißt es: »Christus ist eure Gerechtigkeit.« Ihr werdet Christus nur erkennen, wenn er durch euch handeln kann.

Nach einem betroffenen Schweigen meldete sich eine bis dahin ungehörte Stimme zu Wort. Es war der Gaumen, der sprach: »Christus ist der Weinstock.« Ich kenne seinen Geschmack. Es ist der Geschmack der Schönheit. Wir erkennen die Dinge nur in dem Maße, in dem wir für sie danken. Der Dank ist die Verkostung des Lebens.

Da widersprach die Seele und sagte: Ich habe ihn nicht nur in Schönheit, sondern mehr noch im Leid erkannt. Denn ich kenne die widrigen Zeiten der Niedergeschlagenheit und der Erschütterung. Die Schönheit mag der Zugang zur Herrlichkeit sein, aber das Leid führt in die Tiefe der schmerzhaften Gotteserfahrung.

»Christus ist die Auferstehung und das Leben.« Ich habe Christus erkannt, denn ich lebe.

Und im Wissen um ihre Wunden sprach sie von den Wundern der Heilung und sagte: »Christus ist der Heiland, der mir geboren ist.« Wie könnt ihr Heilsames erkennen und Stärkendes erfahren, wenn ihr nicht wisst, was es heißt, verwundet und geschwächt zu sein?

Und leise widerholte sie das Wort: »Er ist die Auferstehung und das Leben.«

Nun sprach auch die Stille: Ich bin schmächtig und unnütz unter euch mächtigen Stimmen. Aber nach dieser Rede fasse ich Mut und breche mein Schweigen. Ich sehe weder mein Wirken noch meine Macht. Aber ich weiß, was es heißt, in der Liebe des Himmels zu ruhen.

Was kann die Ewigkeit euch Gutes tun, wenn ihr euch nicht von ihr stillen lasst? Heißt es nicht darum: »Seid stille, und erkennt, dass ich Gott bin!«?

Da sprach das Herz: Ihr könnt wohl vieles verstehen, aber ihr werdet nur das erkennen, was ihr von Herzen liebt. Christus kann nur mit dem Herzen erkannt werden. Darum heißt es: »Du sollst den Ewigen, deinen Gott, lieben von ganzem Herzen, ganzer Seele und all deiner Kraft.«

Einzig eure Liebe ist die Glut, die sich im Hauch des Gottesgeistes zum Feuer eurer Gotteserkenntnis entfacht. Darum heißt es:

»Ich bin ein heiliges Feuer.« Habt ihr kein brennendes Herz, was wollt ihr je erkennen?

Da sprach das senfkorngroße Vertrauen, das klein an Gestalt, aber groß an Verheißung war: »Christus ist unser Meister.« Er lehrt uns: Gib auf, zu wissen, wie es geht; und lass meine Gnade dein Werkzeug sein. Nur Mut! Wage, zu tun, was sie tut. Sei bereit, wecke Tote auf – wenn das Wunder der Gnade dein Wort vom Zweifel befreit.

Da fragte der Glaube: Und wie ist es mit mir?

Das Auge antwortete und sprach: Lass deine Augen Gottes Augen sein.

Und der Mund ergänzte: Lass ihn sprechen, wenn du sprichst. Denn er hat dir eine Zunge gegeben, wie sie Jünger haben, dass du mit den Müden sprichst zur rechten Zeit.

Und das Ohr sprach: Er weckt dir das Ohr, dass du hörst, wie Jünger hören.

Und die Seele sprach: Vergiss nicht, du bist ein Gottesklang. Darum heißt es: »Alles ist möglich dem, der da glaubt!« Denn der Glaube ist das Instrument, das das Spiel des Meisters erlaubt. Spiele deinen Glauben in seinem Spiel.

Als letzter Jünger – was eine große Ausnahme und fast schon ein Wunder war! – meldete sich auch der Verstand zu Wort und sagte: »Christus ist der gute Hirte.«

Wie oft habe ich mich in meinen Gedanken verirrt und in meinen Fragen mich aufgerieben. Am Ende aber wurde ich von einer Gotteserkenntnis aufgehoben und zurückgebracht. So habe ich Christus auf eine Weise verstanden, die ich in mir selbst nicht finden kann. Finden heißt, von ihm gefunden werden; suchen heißt, sich von ihm aufsuchen lassen. Wie liebe ich die Gewalt seiner Offenbarungen, denen ich nachgebe, wenn mein Denken ruht! Wenn meine Liebe bei Verstand ist, dann höre ich sie beten: »Überwältige mich! Denn deine Gedanken sind nicht meine Gedanken, und meine Wege sind nicht deine Wege.«

Und als ich erwachte, erkannte ich: Wir alle sind einander heilige Gaben. Weil derer so viele sind, hat Christus nicht nur einmal »Ich bin« gesagt.[9]

Quellenverzeichnis

1 Matthäusevangelium 13,58 · Markusevangelium 6,6

2 Markusevangelium 1,35

3 Markusevangelium 9,24

4 Psalm 44,22

5 Nach 1. Mose 32,23

6 Johannesevangelium 10,27

7 Philipperbrief 2,7

8 Sprüche 5,15

9 Die Verhandlung (S. 129–138):

Der Leib: 1. Korinther 12,12-21; *Das Auge:* Johannes 8,12; *Der Fuß:* Johannes 14,6 · Matthäus 8,22 u.a.; *Der Mund:* Johannes 1,1 · Lukas 9,20; *Das Ohr:* 5. Mose 6,5 · Johannes 10,27; *Der Durst:* Psalm 36,10 · Psalm 42,3; *Die Hand:* Johannes 14,21-23 Lukas 6,46 · Matthäus 5,20 · 1. Korinther 1,30; *Der Gaumen:* Johannes 15,5 · Psalm 34,9; *Die Seele:* Johannes 11,25 Johannes 14,19 · Lukas 2,11; *Die Stille:* Psalm 46,11; *Das Herz:* 5. Mose 6,5 · 5. Mose 4,24; *Das Vertrauen:* Matthäus 23,8 Markus 11,23; *Der Glaube:* Jesaja 50,4 · Markus 9,23; *Der Verstand:* Johannes 10,11 · Lukas 15,4 · Jesaja 55,8

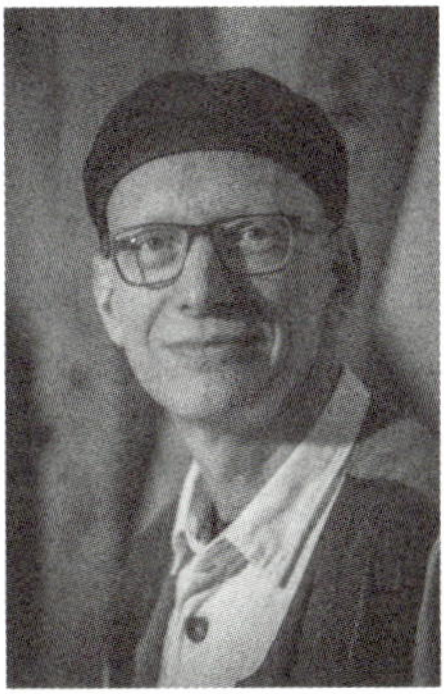

Foto: Tobias Kreissl

Martin Schleske ist Geigenbaumeister und Physikingenieur. Seine Instrumente werden mitunter von weltweit konzertierenden Solisten gespielt. Er lebt mit seiner Familie in Landsberg am Lech.

www.schleske.de